「不打、不罵、不動氣」の優雅教養術

奧田健次◎著
卓惠娟◎譯

前言

教孩子不必大吼大叫！變身「優雅媽媽」，教出聽話乖小孩！

各位每天在家帶孩子時，是否經常上演這樣的家庭鬧劇呢？小孩只顧著玩、不收玩具，一開始先好聲好氣地教導，但是——

↓小孩口頭答應之後，卻什麼都不做，於是和他約定時間。

↓提醒孩子好幾百次，也沒效果。

↓媽媽已經忍耐到極限，最後忍不住開罵！

↓罵了之後更心煩，對於該怎麼教孩子越來越沒自信！

但是，我想告訴各位媽媽們：

「媽媽，妳搞錯重點了喔！」

我是行為分析師、臨床心理學家，也是運用專業「教別人怎麼帶孩子」的教養專家，曾任職於大學輔導室及診所，也會到各級學校和一般家庭和家長討論子女教養問題，每天都和不計其數的父母見面。正在閱讀本書的爸媽們，想必也對如何教孩子感到苦惱，像是：

☑ **不知道要用什麼方法，糾正孩子錯誤的行為。**

☑ **希望孩子養成好習慣。**

☑ **想教出什麼事都能自己做好、自動自發的孩子。**

教養孩子絕不是一件簡單的事，所以大部分的媽媽很煩惱：**「為什麼我家的孩子會這樣？」**不少母親認為孩子的壞習慣或不良行為，和他本身的性格有關，有些人甚至真心以為：**「小孩天生就和爸爸一樣懶散，八成沒救了！」**

由於父母總認為「不好的習性一定要從小就改過來」，才會弄錯努力的方向、老是忍不住責備孩子，最後陷入自我厭惡的壓力。其實，爸爸媽媽們可以不用這麼辛苦，一定有方法能解決大家的教養難題。

◆媽媽不必「爆青筋」，教孩子可以很快樂的

從現在起，只要實踐本書的方法，你會感到非常驚訝！——**以後再也不需要嘮叨、耳提面命地提醒孩子：「不可以！」孩子也能自動做到你希望他們做的事。**

聽到這種說法，大部分的人會想：「怎麼可能？騙人！」書店裡太多這樣的教養書了，每次照著書上的方法去做，還是無法得心應手。所以，大家當然會懷疑這些保證「絕對沒問題」的書。

本書不會告訴你這樣教孩子「絕對沒問題」。可是我們必須相信：只要用心，一定能改善親子間關係；心裡也要明白教養子女的狀況五花八門，為人父母沒有這麼簡單。因此，本書希望從**「那樣做不太好噢」**、**「這麼做比較好」**的方向來提出不同建議。從許多的問題及解答中，相信你一定能找到適合的教養方法。

比方說有個「經常不想去幼稚園」的孩子。要讓這個孩子去上學，該怎麼做才好呢？為了解決這個問題，請你想想看：什麼事能讓孩子開開心心地去上幼稚園？

「能見到朋友，和大家一起玩、吃便當很開心、有喜歡的老師……」每個孩子都有不同的理由。**如果幼稚園充滿讓他開心的事，孩子就會很喜歡去幼稚園。**

假設以下圖的天秤來衡量「去幼稚園」和「待在家裡」的意願，幼稚園有很多孩子喜歡的事，他心中的天秤就會往「想去幼稚園！」的方向傾斜。

孩子朝氣十足去幼稚園的天秤

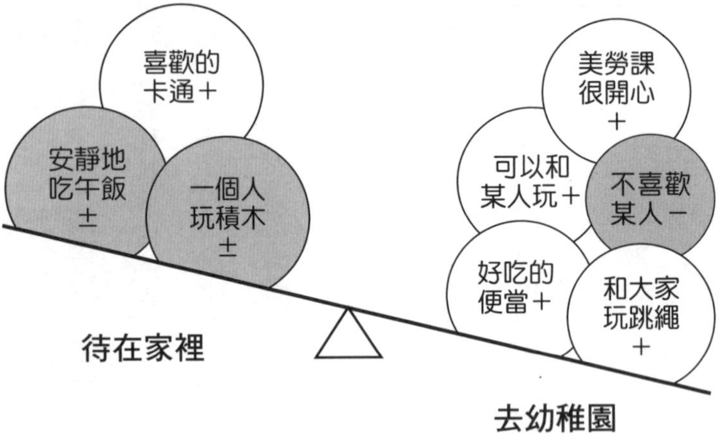

◆父母心中的「天秤」，是教養重要指標

相反的，原本孩子日常會做的事，**出現「覺得好討厭」、「覺得好麻煩，一點都不開心」的情況增加時，他就不想持續去做這些行為。**

在此狀態下，媽媽就算爆青筋斥責孩子：

「快點去做！」

「照我說的去做！」

「為什麼以前做得到，現在做不到？」

這樣只會讓孩子更頑固地抗拒罷了。

父母在教養孩子的過程中，若是期待

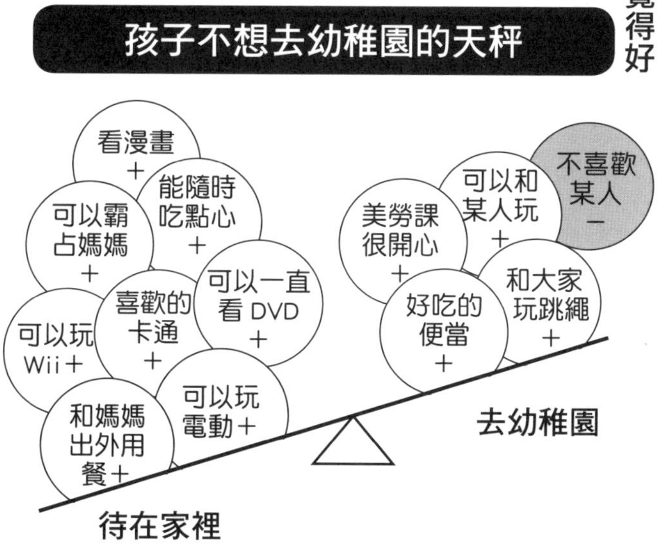

父母在教養孩子的過程中，若是期待「讓孩子養成某個習慣」、「不希望他有某種行為」時，請對照這個天秤思考看看。**如果孩子做了你期望的事，就立刻採取「讓孩子覺得開心」的行動；相反的，如果孩子做了你不希望他做的事，則採取「讓孩子覺得麻煩」的行動。**

至於如何讓天秤往好的方向傾斜，採取「讓孩子覺得開心」的行動呢？父母給予孩子更多關注及讚美的言語，就是一個很好的方法。日常生活中爸媽與孩子的互動、觀察他的行動、讚美什麼樣的行為，都將成為教養孩子的重要指標。

「為什麼不管做什麼都只有三分鐘熱度呢？」、「我怎麼會把他教成這麼任性的孩子？」在責備孩子或怪罪自己之前，請重新檢視自己過去究竟是以什麼樣的方式和孩子相處。為孩子貼上「不管做什麼都敷衍了事」的標籤前，一定要再次仔細地觀察自己的孩子。

◆別拼命挖掘孩子的內心世界，請聚焦在孩子的「行為」

父母想找出問題發生的原因，不需要拼命去挖掘孩子的內心，而是應該聚焦在他們的「行為」上。所謂「聚焦在孩子的行為」，就是把焦點放在大人的處理方式，以及該行為的影響。

但我要再次強調：教孩子不是能一帆風順的事。然而，就是因為有種種挫折，所以成就了教養孩子的機會。孩子不會收拾整理東西、無法養成刷牙的習慣、不遵守玩遊戲的時間等，**這些父母傷透腦筋的事，反過來看全都是「讓孩子成長的契機」。**

過去說破嘴，孩子都做不到的事，某天會發現他突然奇蹟般地做到了。而且有些孩子在父母不斷努力下，不知不覺便能養成好習慣。有一天你一定能切身感受到：

「孩子真的改變了！」

即使沒有媽媽一一指示，孩子也懂得獨立思考、付諸行動，靠自己的力量完成目標。爸媽持續努力，這一天必然來到。到了那一天，為人父母者在驀然回首之際一定會發現！

不知不覺中前言變得太長。一開始提到的「不會收拾玩具的孩子」，要怎麼讓他變成「主動收拾好玩具的孩子」呢？我們就先來談談這個問題吧！

妳看很成功對吧？
謝謝！多虧妳幫媽媽的忙，真是太好了！

目錄

02 容許孩子「偶爾忘記」，他會變得更主動

目　錄

奧田老師，我有問題！

06 讓孩子擁有自信，比矯正錯誤更重要

從小建立孩子的自信心，別讓他「太愛撒嬌」！

第2章 改掉孩子壞毛病，父母一定要有的7個教養態度

愛挖鼻孔、不開心就打人，如何修正孩子的不良行為？

01 抓緊手，讓他體會「亂跑很危險！」

孩子在公共場合不停奔跑嬉戲，真擔心他的安全！

06

只是想知道「孩子這樣做的理由」，難道有錯嗎？

一直問孩子「為什麼」不算是溝通

奧田老師，我有問題！

07

父母真難為！如何化解孩子的任性？

讓孩子學習「輸得起」，別讓他予取予求

奧田老師，我有問題！

第3章 別再做順著孩子，被牽著鼻子走的「水母爸媽」！

4大教養關鍵，教出「不任性」的孩子！

02

想讓讓孩子遵守「嚴禁事項」，有什麼技巧呢？

口頭警告已經失效，請用「具體行動」教孩子

奧田老師，我有問題！

第4章

你能給孩子什麼樣的未來？父母一定要建立的「未來願景」！

02

想激發孩子的幹勁，要做到哪些事？

「獎賞」不是「賄賂」，要分清楚！

第 1 章

媽媽不動怒，也能幫助孩子培養「好習慣」！

讓孩子變主動、不拖拉的 6 大技巧

01

如何讓孩子「愛整齊、喜歡收東西」？

別丟給孩子收納箱，要邊收、邊稱讚

Q

每次把客廳玩得亂七八糟後，孩子就拍拍屁股跑掉了？

我的兒子今年五歲。每次要求他：「要把玩具和故事書收好喔！」他總是回答：「我知道！」卻始終沒有採取行動。我以為他這個年紀應該好好說就能懂，實際上完全不是這麼一回事，即使一再罵他也沒有用。

客廳亂得連走路空間都沒有，光看就讓人心煩、壓力真大！

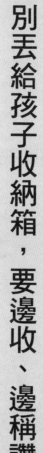

A 孩子收到「最後3件玩具」時，一定要稱讚他

想讓孩子在生活中養成隨手收東西的習慣，看似簡單卻不容易。雖然不是事關重大的困擾，但若沒設法解決，爸媽原本微不足道的焦慮感，就會變得越來越強烈。媽媽認為「只要講了就該明白」，所以經常不斷提醒孩子：「快收拾一下！」但是沒過多久，就開始轉變成：

「怎麼還沒收拾？」

「我說過幾百遍了？怎麼都講不聽」

「為什麼做不到呢？」

最後忍不住斥責孩子：「快給我收拾乾淨！」

◆孩子「只懂玩、不懂收」，該如何教出好習慣？

大多數的育兒書或雜誌，對此提出的建議是「和孩子一起收拾」，或是「準備容易分類的收納箱」。認為只要父母動手幫忙，教孩子收拾的訣竅，馬上就能收到良好成效。並藉由重複這樣的經驗，孩子總有一天會自己主動收拾，養成好習慣。

但是，**以上做法只能暫時解決問題，無法真的養成「主動收拾物品」的習慣**。要讓孩子養成主動收拾的習慣，是有特殊訣竅的！

我曾指導患有自閉症或有心理發展障礙的孩子，如何收拾自己的物品。這些孩子多數有言語發展遲緩的現象，卻仍然可以做到主動收拾，而且完全不需要責備他們。我採用的做法如下：

假設必須收拾的物品有十個。這時候，媽媽先依照一、二、三……的順序，一個一個收拾。剛開始全由媽媽收拾也沒關係，不過，**至少最後三個，也就是八、九、十，一定要讓孩子自行收拾，讓他體會到「完全收拾乾淨」的經驗。**

這種時候，不光是口頭說「**我們來收拾吧！**」而是讓孩子坐在要收拾的物品前，媽媽則跟在孩子後方，一邊叮嚀「**來收拾吧**」，然後和孩子一起把玩具放進收納箱。最重要的是，收拾最後三件玩具時，一定要誇獎孩子。

◆「孩子露出笑容」是讚美成功的基準

「收得好乾淨喔！」、「你好棒！」不管什麼讚美詞都可以，總之要讚美孩子。稱讚的唯一基準是要看見孩子露出開心的笑容，**如果「讚美」僅止於父母的自我滿足就無法產生任何效果。**

父母請仔細觀察孩子是否露出喜悅的笑容。由於東西幾乎都是媽媽收的，或許標準比較高的媽媽很難有稱讚孩子的動機。這時候不妨誇大一點，就算是用演的也無所謂，只要讚美能讓孩子開心就好。

要是能夠順利達成，下一階段就可以把孩子自行收拾的玩具，由三個增加至四個、五個，最後讓他自己收拾所有玩具。

這個做法的重點在於，雖然幾乎全是媽媽收拾的，但是要讓孩子覺得是自己收的。**更重要的是讓他感受到「只要收拾乾淨，媽媽就會很高興」。孩子因而感到開心，下次就會願意主動收拾，進而養成習慣。**

有些缺乏實際教養經驗的學者，批評讓孩子「為了獲得讚美而做」違反教養本質，但他們可能不太了解孩子，所以過度杞人憂天。因為即使誇張地讚美孩子，孩子仍然可以感受到收拾本身所帶來的喜悅。

◆父母帶著「怒氣」發號施令，孩子只會想逃避

但是，苦惱於「孩子不收東西」而來諮商的母親，並沒有採取這種做法。她讓孩子從第一個玩具開始收拾，耐著性子等他收拾第二個玩具，然後是第三個、第四

個……。如果是有自閉症的孩子，做不久後就會開始發呆，或是玩起原本該收拾的玩具，無法專注於「收拾」這件事。仔細觀察會發現，即使不是自閉症的孩子，有時也會陷入類似的狀況。

孩子停止收拾，使媽媽忍不住感到焦慮而斥責孩子。孩子便會覺得「不想被媽媽罵，不得已才整理玩具」、「收玩具真討厭」，然後厭惡「收拾」這件事。當他對此反感，就會更想逃避，媽媽的煩躁感也跟著變強烈，陷入惡性循環。請仔細想想：

「快把玩具收一收！」

「搞什麼！這裡不是還沒收完嗎？」

當媽媽帶著怒氣對孩子發號施令，孩子才被迫去收玩具，他一定會感到厭煩。換作是大人，在這種氣氛下被逼著做事，一定也會感到不悅吧？**但是，如果是受到別人稱讚去做某事，心裡就會產生「試試看好了」的想法。因為被稱讚，而使行動產生改變**——是教養孩子非常重要的技巧。

◆即使失敗，也要讚美孩子「已經試過了、進步了」

當然，收玩具以外的事教養原理也相同。例如想讓孩子養成自己上廁所的習慣，所以教他：「想尿尿要說喔！」、「沒有先脫下褲子就上廁所，會弄髒喔！」即使這麼做，孩子也不可能只教一次就學會，所以剛開始都不太順利。

那應該怎麼做比較好呢？其實，**只要好好稱讚孩子就對了！也就是採取「零打罵」的方式，讓孩子培養新習慣。**

就算孩子太晚說想上廁所而尿在褲子上，但只要孩子有說出「我要尿尿」或是想拉著爸媽的手去廁所，父母就該稱讚孩子：

「哇～你有告訴媽媽想尿尿耶！真了不起！」如果孩子因為自己脫褲子太慢，所以中途尿到褲子上，也可以讚美他：

「好棒！你會自己脫褲子了！」像這樣，對孩子任何行動都給予讚美。

如此一來，孩子即使失敗也不會被罵，自然就會喜歡自己去上廁所。久而久之，他就能及時說出「想尿尿」，也能學會自己脫褲子了。不管企圖讓孩子養成什麼新習慣，「肯定」、「讚美」絕對是最快的捷徑。想教孩子學習新事物，或是希望他做什麼事的時候，都不需要責罵。

◆協助孩子培育好習慣，不需要「鞭子」

有人說：「教孩子要善用糖果和鞭子。」但我認為不需要鞭子，只需要給糖果。不管重複多少次我都要強調：教孩子不需要責罵。因此，**父母說「想讓孩子養成收拾的習慣」，我的解決方案不是對孩子的行為「持續責罵」，而是要「不斷讚美」。**

因讚美而改變行為，不僅對孩子有效，對大人也有相同效果。任何人都不喜歡接近斥責自己的人，而喜歡聽讚美自己的人說什麼。這個道理可以透過以下方式親自體驗看看。

「行為改變」小遊戲

想讓孩子更懂事，父母要多為他「拍手」

遊戲步驟

假設家中客廳有A、B、C三個大人。A和B留在客廳，C則必須暫時離開客廳。C在離開之前，A和B先對C說明：等一下會請C觸摸客廳的某件物品，或是做一個特別的舉動，但不會直接告訴他答案，而是以「拍手」提示。等C回到房間後，必須四處活動猜A和B想要他做什麼事，只要越接近答案，鼓掌聲就會越大。

C離開客廳後，A、B請討論要讓C做出什麼舉動。例如「要求C面向陽台，把右側的窗簾拉起來」。這時必須低聲商量，避免C聽見。接著讓C回到客廳，請他任意做動作，隨手摸到什麼都可以，積極四處活動。

注意事項

在客廳中的A和B，只要C一接近目標物窗簾就拍手、遠離就停止拍手。可以點頭，但絕對不能用言語指示。禁止使用「鞭子」，也就是否定的話語「**哎呀！不是那裡啦！**」「**你弄錯了！**」要完全禁絕這類言詞、表情或動作。另外，最適當的拍手時機是C接近正確行動時的一秒內最有效，如果太慢，C將不知所措。

C必須在客廳到處移動，碰觸各種物品，在錯誤中尋找正確答案。此時C唯一能夠依賴的，只有A、B的拍手提示。往拍手聲響大的地方移動，當聲音停住時就改變行動，在不斷嘗試中一步步接近目標。

C依拍手聲音判斷，最後一定會慢慢接近窗簾，然後無意間碰觸窗簾，這時A、B的拍手聲突然變大，C就更接近正確答案。只要進行到這個階段，短時間內C一定能做出把右側窗簾拉上的正確行動。

遊戲結果解析

前述遊戲，是為了教C體驗：行動之後，會隨之發生「好事」。並解釋新的行為如何產生。

每個人家裡的客廳都擺有許多物品，如電視機、茶几、沙發、椅墊、報紙、花瓶、相框、筆、剪刀等。但不管客廳有多少東西，甚至是在更大的會議室或體育館玩這項小遊戲，即使是在寬闊的空間中，只要拍手時機恰當，就能讓學習者C做出特定的行動。

在這個實驗中，**重點在於以「拍手」立即肯定學習者正確的行動。換句話說，拍手等於告訴學習者「你好棒、你做得真好」。**

比方說，想要讓學習者拉上「右側窗簾」，但他卻走向和窗戶相反的方向，或是一直觸摸和目標無關的物品。負責拍手給予指引的人，或許會在心中嘀咕：「不是那裡」、「真是的」，但卻不能把這些想法用言語或態度表現出來。倘若將這些想法全部訴諸言語會怎麼樣呢？

只要對方一遠離窗戶，就大喊：「錯了！錯了！」

碰到非目標物就嚷著：「你怎麼老是弄錯。」

即使只是遊戲，這樣的態度也會令人厭煩。

◆「注意孩子的反應」比不停讚美他更重要

孩子沒有馬上把東西收乾淨，媽媽就立刻開罵：

「怎麼又不收好？」

「你怎麼老是做不到？」

「快點收一收！」

「還有這麼多玩具沒收！」

這就像是在遊戲中把負面的想法說出來，當然會讓孩子討厭收拾玩具！正確的做法是：**即使孩子只收一件玩具，也要好好地誇獎他！**

或許有些媽媽會自豪地說：「我都有稱讚孩子。」但她們是不是硬性逼孩子收拾完畢，然後才讚美孩子呢？有些媽媽則說：「我已經盡量不罵孩子了！」她們或許沒有責罵孩子，但是否忽略了要好好讚美孩子呢？

重點不是媽媽有沒有讚美孩子，而是孩子是否因為被稱讚感到滿足？**必須要讓孩子受到表揚後露出開心的表情，期待下次再被稱讚。**因此，**父母必須好好看著「孩子的反應」**。

很多父母認為不需要讚美也能教好孩子。「這麼做是應該的」、「孩子能做到是理所當然的」有這種想法的家長，很難因為孩子跨出一小步就稱讚他。如果爸媽沒有先認識到「讚美之於孩子的重要性」，就不容易掌握讚美的黃金時機與訣竅。

奧田老師，我有問題！

「未滿一歲的孩子」還聽不懂大人說話，要怎麼教呢？

一歲以下的孩子，當然也需要讚美！只要發自內心地稱讚他，孩子即使年幼也能感受到母親喜悅的心情。抱抱他、為他鼓鼓掌，滿懷笑容地表揚他，然後觀察孩子的反應。他若因被讚美而興致勃勃重複同樣的舉動，那就表示母親的「讚美方式」非常有效。

父母們一定可以從孩子的「反應」中找到最有效的讚美方式。即使是還不太會說話的孩子，也會表露出「再多誇獎一點」、「媽媽，再多說一點嘛」的渴望，這就是父母「讚美得宜」的訊號。

02

用「規定」說教，孩子真的知道自己做錯事嗎？

容許孩子「偶爾忘記」，他會變得更主動

Q

寶貝每次都心不甘情不願地去刷牙，如何讓她養成「吃完飯，就自動去刷牙」的習慣？

我想讓五歲女兒養成「飯後刷牙」的好習慣。雖然跟她約定「飯後半小時內要刷牙喔！」但孩子總是無法遵守。每次都要等到我問：「刷牙了嗎？」女兒才心不甘情不願地去刷牙，如果我沒提醒，她就不會主動去刷牙。我該怎麼辦才好呢？

A 隨時留意「孩子主動」的時機，並加以稱讚

聽到別人說：「**我和孩子約定好了**」，有些媽媽會很羨慕「**真厲害！我的孩子總是無法遵守約定好的事，我早就放棄了**」。的確，和孩子約法三章，或許能視為媽媽認真育兒的證明。但並不是和孩子約法三章就夠了，如何運用和孩子約定的事項更為重要。

應該不少人有超速或違規停車被開罰單的經驗。假設你在限速六十公里的路段，開車飆到時速八十公里，結果被交通警察開罰單。你可能忍不住抱怨連連：「**為什麼只抓我？**」、「**明明有很多人開得比我更快！**」

雖說那是警察的工作無可厚非，可是相反的情況卻不可能發生。好比說，警察不會攔下遵守速限的車子，對駕駛人說：「**你真了不起！確實遵守交通規則，真是優**

良駕駛！好，你可以繼續開了喔！」

警察要是稱讚你遵守交通規則，你反而會很吃驚吧？通常大家被警察攔下來，一定會覺得準沒好事「咦？我犯了什麼錯？」甚至對警察無端把你攔下來感到不悅。

◆只顧著「盯」孩子的父母，比警察還可怕？

或許也有人會因為被警察誇獎而喜形於色「嘿嘿。我被誇獎了耶！好棒喔！」懷疑沒有人會因為這樣感到開心嗎？那麼，假設警察說：「你真是優良駕駛！來，給你十萬元獎勵。」然後當場發放獎金，大家又會怎麼想呢？

在此想問問各位：「父母或老師是不是讓自己變成警察了？」現實生活中，很少人想要得到警察稱讚，反而認為「警察最好永遠都不要介入我的生活」。

若在家庭生活中有此情形，一定會很不自在吧！即使沒做什麼壞事，開車時當警察接近自己，總不免有些緊張；走在路上，突然被警察叫住：「你過來一下！」也會感到忐忑不安。絕對沒有父母想刻意營造出這樣的親子關係。

與孩子約法三章，就代表親子之間有著「這件事要這麼做」的約定。家長基於「希望孩子養成這種習慣」、「希望教出這樣的孩子」、「希望孩子停止這樣的行為」等想法，決定和子女約法三章。通常不可能是孩子主動提出規範。

◆父母不該覺得小孩做什麼都是「應該的」

假設孩子確實遵守約定，父母會想「不錯不錯，有乖乖守約。」但是，**假設父母在孩子沒遵守約定時，責罵他：「為什麼今天做不到呢？」、「為什麼偷懶？」情況不就變得和警察取締違法很像了嗎？**

請問這些與孩子「做約定」的父母，當孩子遵守約定時，是否有確實讚美他呢？也許一開始稱讚過他，但是多數爸媽時間一久便漸漸忘了。孩子做到約定的事，會被父母認為理所當然。

◆老是搬出「規定」說教，孩子永遠學不好

以約定教養孩子，會離「讚美」越來越遠，這就是「約法三章」的一大陷阱。

孩子遵守規定時沒有讚美他，只在他沒做到時，才覺得礙眼而斥責。而且，搬出規則來指責孩子：

「你沒有遵守規則喔！」

「我們約好了對吧？」

「你都五歲了不是嗎？」

這樣根本無法讓孩子養成好習慣。

更糟糕的是，「不可以欺負弟弟」、「不要做沒禮貌的事」等，禁止他不要去做某事的規範，只會讓孩子覺得綁手綁腳，動輒挨罵。

爸媽把規範視為「本來就應該做到」的心態十分不妥。所以當孩子飯後確實刷牙，父母應該要好好加以讚美，讓他感到開心。因為成人了解飯後刷牙是很重要的習

慣，不覺得麻煩。然而孩子仍不清楚清潔的重要性，所以他會忘記，也不認為「一定要做」，因此即使罵孩子「為什麼老是講不聽？」也沒有任何效果。

最好的做法是**當孩子吃完飯，不需要父母提醒就主動走去洗手台時，馬上稱讚他「寶貝記得要刷牙呢！好棒！」**

相對而言，若爸媽認為孩子做這件事是「應該的」，就不會注意到孩子自動自發走去洗手台。父母如果能理解「孩子本來就不容易遵守約定」，那便不會錯過讚美孩子的良機了。

03

孩子只願意做他認為「有趣」的事？

善用「提醒」，改變孩子拖拉的壞習慣

Q 已經小二了，洗澡還得「三催四請」，該怎麼辦呢？

雖然和孩子講好「洗澡的時間是晚上八點喔」，但他總是無法遵守約定。孩子都已經小學二年級了，我也不喜歡一直催他「快點去洗澡」，到底要怎麼做才能讓他乖乖去洗澡呢？

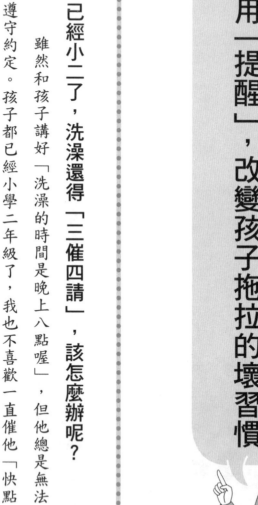

A

讓孩子知道——洗澡時可以「聊他最愛的卡通喔！」

除了飯後刷牙，還有很多和保持清潔、預防疾病的好習慣，需要爸媽耐心教孩子。但是對孩子來說，這些行為不會帶來樂趣，所以養成習慣並非易事。

遇到這類問題，做法和前面的例子一樣，**只要孩子出現準備洗澡的舉動，就立刻稱讚他「你已經準備好要洗澡了，真棒！」**

不過，無法養成飯後刷牙的習慣或是在固定時間洗澡，通常不是因為孩子討厭刷牙或是有洗澡恐懼症（若有此情形，一定要找專業醫師協商），而是單純因為他有「更想做的事」。

◆孩子容易分心，父母也要負一些責任

前述提問中讓媽媽煩惱的孩子，多半都是想看電視、正在玩遊戲不想停下來，或是想睡覺，這些事情勝過刷牙或洗澡的欲望。

假設七點五十五分孩子喜歡的電視節目播完了，這時候媽媽可以提醒孩子「節目播完了喔」，**若是年紀還小的孩子，則可以引導他：「媽媽沒有看剛剛的卡通，你洗澡的時候跟媽媽說今天播了什麼，好不好？」**。

如果七點五十五分時，孩子主動關掉電視，媽媽卻忙著用手機，孩子發現媽媽一直在做自己的事，所以心想「來看漫畫好了」，因而開始看漫畫，此時媽媽卻因為看到孩子還沒去洗澡，就責怪他：「你怎麼還沒洗澡？都幾點了，怎麼還不去洗？」這樣是完全不正確的做法！

◆父母心情放輕鬆，讚美孩子的時機就會變多

就算是小學生、已經可以自己洗澡的孩子，或是仍和媽媽一起洗澡的孩子，都會因不想洗澡讓父母感到困擾。

因此，**當七點五十五分孩子喜歡的電視節目結束時，只要他立刻離開電視機前，就馬上讚美孩子吧！**或是提醒他該洗澡了。即使孩子是被催促才去做，也要讚美他，就能順利引導孩子的行為了。

當然，媽媽不可能隨時都在孩子身邊，掌握每個引導的最佳時機。為家事忙碌的母親，即使想適時提醒孩子，也不容易。

不過，希望父母能記住：只要抓準讚美時機，孩子的行為就會產生很大的改變。而為了掌握讚美時機，爸媽就必須保持從容的心情，不要輕易動怒。

04

對孩子的期待「放寬一點」又何妨？

把標準降低，父母和孩子都能輕鬆一點

Q

我家小孩愛賴床！「媽媽牌人肉鬧鐘」完全沒用？

每天早上不管是鬧鐘響，還是聲嘶力竭地叫他起床幾百次，孩子就是起不來。如果他七點半沒起床，我也沒辦法準備出門工作，實在很煩惱。

到底要如何讓孩子養成自己起床的習慣呢？

A

抱著「孩子應該做不到」的想法，別一直緊迫盯人！

站在媽媽的立場，希望孩子早上能七點半準時起床。然而每天站在廚房大喊：**「快起床！時間到了！」「上學會遲到！」**重複五、六次後，孩子依然繼續賴床。媽媽每天都面對這種狀況，難免會心浮氣躁。不過，孩子偶爾會在媽媽叫了三次後就起床，難得比平時早個十分鐘，七點二十分就醒了。這時父母一定要好好把握機會稱讚小孩。

掌握讚美時機的訣竅是，不要期望「孩子能輕易養成自動起床的習慣」，**而要先做好心理準備：「自動起床本來就不容易，我的孩子現在大概還做不到吧」。**

父母「千萬不要對自己的孩子有過高的期待」！

某些教育學者可能會說：「父母怎麼可以不相信自己的孩子？父母應當期望孩子能做得更好啊！」

受此想法影響的父母會覺得：「沒錯！就是這樣！我應該相信孩子。」導致他們無法給孩子「階段性進步的讚美」，變成只會一味譴責孩子「為什麼做不到？」

◆設定「階段性」目標，用讚美代替譴責

心中預想「我家的孩子做不到」，當他超出預期辦到了，父母便能由衷讚美孩子。所以別期待孩子「十分鐘能做完這件事」，而是「做完這件事大概得花三十分鐘」，盡可能把標準降低。

這麼一來，當孩子費時十五分鐘就完成，爸媽一定能出自真心極力讚美他「你真棒！這麼快就完成了！」**如果期待孩子「十分鐘」能做完，就會變成「怎麼搞的？還多花了五分鐘才做完。」**

父母對孩子的期待，設定一個「寬鬆的容許範圍」，教養時就能保有從容的心情。好比練習跳高時，橫竿都是一點一點慢慢加高的。如果跳高選手一時狀況不佳，橫竿高度比實力稍微低一些又有什麼關係呢？

掌握以上訣竅，就能減少為人父母的焦慮，不會一直苦惱於孩子「**為什麼做不到？**」、「**明明一再提醒，就是講不聽**」的問題。

05

孩子只做「約定的事」，怎麼讓他變「更體貼」？

耐心等待時機，就能教出貼心的孩子

Q

希望孩子能主動說「我來幫忙！」是奢求嗎？

我和女兒約定一升上小學三年級，她吃完飯就必須把碗盤拿到水槽、自己摺棉被等「約好要做的事」。女兒雖然會遵守約定，但約定之外的事她一概不做。

我希望孩子看到父母親忙碌的時候，能夠主動詢問：「媽媽，需要我幫忙嗎？」這個想法是一種奢望嗎？

A 讓孩子主動發現，「幫忙」會使父母開心！

提問中的孩子，升上小學三年級後就能遵守「吃完飯把碗盤拿到水槽」、「自己摺棉被」等約定，但不會多做約定以外的事，讓母親相當苦惱。

除了刷牙、洗澡等基本生活習慣，想進一步讓孩子養成更好的人格，媽媽擔心是否只是「奢望」，我認為這絕對不是奢望！應該說，一定要教出這樣的孩子才行！

◆你的寶貝是「樂於助人」的孩子嗎？

我們暫時稱這個諮商的家庭為A。A孩子因為和媽媽約定到了三年級，就要自己收拾碗盤及摺棉被，所以不需要提醒就能自己做。另有一個家庭以B代稱。B媽媽沒有和孩子特別約定「必須自己做的事」，因此B孩子並沒有A孩子那種「必須自己做某事」的意識。不過，有一天，B媽媽工作很累，回到家時喃喃自語：

「唉！今天要洗的碗盤真多！」

於是，B孩子主動把碗盤拿到水槽，對媽媽說：「今天我來洗碗好了！」**媽媽對孩子的體貼感到很意外，所以由衷地向孩子道謝。**

第二天，媽媽什麼都沒說，但是孩子仍然主動幫忙。於是媽媽又感激地說：

「你幫了大忙，真是謝謝你！」

第三天，孩子沒有幫忙。不過，B媽媽也沒說：「咦？你今天不幫忙嗎？」這天她覺得精神很好，所以不需要開口請孩子幫忙，自己很快把碗盤洗好了。

◆一句「謝謝你」，是讓孩子產生動力的關鍵

半年後的某一天，B媽媽在超市買了三大袋東西，忍不住喊了一聲：

「哇！真重呢！」

她的孩子在一旁立即說：「我幫忙拿！」

B媽媽當場感激孩子說：「真謝謝你！」

後來他們又一起去超市購物，因為只有兩個袋子，所以B媽媽兩個袋子都自己拿，沒有要求孩子「你拿比較輕的這個」，或是「今天不幫我拿嗎？」

接下來請想像A、B家庭兩年後的狀況：

A孩子大概和之前一樣，還是維持自己收拾碗盤及摺棉被的習慣，A媽媽或許會很驕傲：「這孩子約定好的事，從來沒有偷懶過。」

另外，B孩子沒有摺棉被的習慣，向來都是B媽媽幫他整理。不過，B孩子卻養成洗碗盤的習慣，而且不需要媽媽開口要求就會主動去洗碗盤。

在超市買東西也不需要B媽媽拜託，B孩子就會主動幫忙提東西，有時候也會幫媽媽捶背，或是替媽媽收洗好的衣服。**雖然這些事都沒和媽媽事先約定，但只要媽媽看起來很辛苦，孩子就會主動幫忙。**

要是以第6頁說明過的「天秤」來衡量，母親發自內心的笑容及「謝謝你」這句話，會使孩子往「幫助媽媽」那邊傾斜。原本沒有成為習慣的行動，對B孩子而言是「愉快的事」，他會想要經常去做。

◆「自動自發的孩子」和「害怕被罵才去做的孩子」之間的差異

前文提過「一旦變成約定的事，父母親容易認為孩子做到是『應該的』」，在這個諮商案例中，A媽媽可能因為孩子已經三年級了，認為「孩子做到這些事理所當然」，因此很少誇獎孩子。

而且，雖說收碗盤及摺棉被已經養成習慣，但孩子很難完全不偷懶，偶爾還是會因為忘了做而挨罵。

這麼一來，即使母親非常希望孩子成為「主動幫忙家事的孩子」，他仍然不會養成習慣。如果孩子**「只做爸媽叫他做的事」**、**「害怕被罵才勉強去做」**，**他將會呈現**

「水平成長」。就像生產曲線完全沒有爬升，只要超過合格標準線的工作就不做，導致生產曲線呈水平狀態。

另一方面，B媽媽沒有刻意和孩子約定任何事，總是對孩子為自己做的事表示感謝。於是，孩子雖然沒有摺棉被的習慣，但只要媽媽有困難，她不用開口要求，孩子也會主動幫忙，而且孩子對自己能幫媽媽的忙，也感到很開心。

你不覺得A和B兩個孩子之間，產生了很大的差距嗎？

◆「一個口令、一個動作」，孩子永遠不會長大

在以往的諮商案例中，我看過許多類似A、B的家庭，我希望每位父母都能以B的教養方式為目標。A媽媽當然也希望教出善解人意的孩子，卻總是無法如願以償。

常聽到家長說「**我家的孩子個性消極**」、「**做什麼事都提不起勁令人擔心**」。多數父母總期望孩子能更積極主動，所以想督促他們成長及獨立。

你希望孩子未來是什麼樣子呢？

水平成長型

- 不會採取主動
- 一個口令一個動作
- 因為害怕失敗不敢主動嘗試
- 傾向維持現狀，創造力與生產力低，無法跨出既定框架
- 容易嫉妒別人
- 愛比較，在意與他人的差距
- 推諉卸責
- 常心存僥倖、患得患失
- 較少挑戰新事物
- 注重結果，情緒易受影響
- 不做本分之外的工作
- 很少思考如何改進
- 一心想要避免失敗

積極正向型

- 躍躍欲試、積極主動
- 不等別人命令也會自動做事
- 即使失敗也能勇於嘗試
- 能夠不斷突破自己的框架，具有豐富創造力
- 不容易嫉妒別人
- 不在意與他人的差距
- 不怪罪他人，專注提升自我
- 相信「一分耕耘一分收穫」
- 勇於挑戰新事物
- 正向思考每件事的因果關係
- 經常思考如何精益求精
- 凡事都「先試試看」，再改進
- 不去想失敗，只想盡力成功

這樣的爸媽認為「有必要建立規則」、「叫孩子好好去做很重要」，然而，正因為這樣的心態，才使兒女成為「水平成長型」的孩子。

孩子發自內心「想這麼做」，嘗試後的結果得到眾人讚賞，此種連結能讓他產生「我做到了」的成就感，並且直接轉化成喜悅、滿足、充實等感受，加強行為的正向行動力。

相對的，任何事都一個口令一個動作、心不甘情不願去做的孩子，只做爸媽要求的事，即使照著指令去做，也毫無喜悅、滿足與成就感。因而加強他「只要別被罵就好」的消極想法，凡事只求低空飛過的最低標準。

說明至此，大家應該都能明白：**孩子是為了避免被罵而行動，或是對該行動樂在其中才去做，對他們現在及未來的行為，會造成截然不同的差異。**這個差異將嚴重影響孩子的一生，成為他能否在社會中大展長才的關鍵。

◆孩子每天只想著：「不要被罵就好」，未來難有成就

在此不妨以職場上班族為例假想一下。所謂的「菁英」通常是積極採取行動的人，認為「完成交辦事項是應該的，但是，未交辦的事項也要主動完成」。他們勇於挑戰，並樂於工作，所以能全心投入、創造力十足，做出亮眼的成績。

菁英的成長不會受限於公司設定的目標或工作量，自然能得到主管及同儕的信賴，願意委任重要的工作，因而發展前景看好，成為公司不可或缺的人才。

另一方面，以被動態度工作的「冗員」（可有可無、苟且度日的員工），因為只做交辦事項，從他們身上幾乎看不到活力。雖然冗員會盡力達成設定目標，卻也只滿足於達成目標，不會多做其他事。

由於冗員認為只要達成目標就不會被責備，所以多半都是低空飛過目標，當主管要求完成新的企劃案時，即使他們很清楚成功會帶來成就感，卻還是提不起勁而唉聲歎氣。他的主管也會看透他，想著「**再也不會交付工作給這傢伙了！**」

◆「一一指示，是爸媽沒耐心的表現！」

希望孩子主動幫忙的母親想必希望孩子能成為「正向積極型」的人吧！但實際狀況是，孩子不做「規定以外的事」，換句話說——**孩子只是養成了「避免被罵才做」的習慣。**

說不定這個孩子已經認定：只要做「自己該做的事」就夠了，不做會被媽媽罵，所以逼不得已才去做。因此，他會變成一個被動等待指示的孩子。

B媽媽並不是認為「非讚美不可」，所以才千方百計設法讚美孩子。而是因為孩子的行動出乎預期，讓她發自內心感到喜悅，才由衷地向孩子道謝。母親這樣的態度，能夠自然激發孩子體貼他人、自動自發。

激發孩子的這些行為，都是偶然發生的，並不是靠小聰明或經過算計「設法讓孩子這麼做」，或是「已經準備好怎麼稱讚孩子，才用計讓孩子去做做看」。

關鍵是必須等待「偶然」發生。不要執著於「為了讓孩子養成好習慣，這個一定要趕快教他才行！」多數爸媽焦慮不安是害怕「一直等下去，萬一孩子懂事那天根本不會來臨要怎麼辦？」因而忍不住碎唸或下達指令，「快來幫忙！」、「你之前不是幫過媽媽嗎？」**當父母開始命令孩子時，就是負面親子關係的開始。**

◆「人格養成」現在不注意，長大後就太遲了！

如果希望孩子自動自發地幫忙，千萬不能一一指示，要耐心等孩子偶然主動幫忙的時機來臨。根據我過去的經驗，如果等孩子長大發展為「水平成長型」的人，那時才要引導孩子轉變為「積極正向型」的人格，根本是不可能的挑戰。

所以希望父母親能在幼兒期，就努力養成孩子「積極正向型」的人格。請記住一個要領：必須像B媽媽一樣，別刻意準備「要稱讚孩子」，而是「真心感謝孩子」。

媽媽對自己所做的事**真心給予讚美，因而獲得喜悅、滿足、充實感的孩子，長大**

進入社會後也能不斷成長。讚美自動自發的行為，以及注重約定、完成交代事項的教養方式，從孩子長遠的人生來看，將產生南轅北轍的差異，這種差異從兒童時期就開始擴大，所以爸媽的角色非常重要。

奧田老師，我有問題！

如何讓孩子「懂禮讓」，讓座給老年人呢？

如果孩子平時就經常看到父母讓座，並得到對方的感謝。孩子就會想「我也要模仿爸媽讓座，希望也能得到感謝、被誇獎」。相反的，父母若常在乎有無座位「**啊！有位子！真幸運！**」孩子就會有樣學樣，看到空位就歡天喜地大叫「**真幸運！**」沒位子時則抱怨「**哼！真倒楣**」。

如果孩子模仿父母主動讓位，這時父母可以發自內心地向孩子微笑點頭表示讚許，或是握緊他的手表示鼓勵，向孩子傳達你喜悅的心情吧！在被讓座的人面前過度讚美可能有所顧慮，所以不妨在下車後，告訴孩子：

「你剛剛真棒！媽媽覺得你好體貼，為你感到非常驕傲喲！」

06 讓孩子擁有自信，比矯正錯誤更重要

從小建立孩子的自信心，別讓他「太愛撒嬌」！

Q 什麼都要「媽媽來」，該怎麼讓孩子學獨立？

換衣服、準備幼稚園書包等自己做得到的事，女兒總是撒嬌說「媽媽，幫我做～」她想約朋友出去玩時，也要我幫忙：「媽媽，幫我打電話問她！」她現在只有五歲，我很擔心她是不是不管到了幾歲，都還是這麼依賴別人？

A 越有自信的孩子，依賴性就會越少

孩子一天到晚說：「媽媽，幫我做」，確實會讓媽媽很煩惱：「這個孩子為什麼依賴性這麼重？」案例中的孩子，纏著媽媽幫忙她「應該做得到的事」，所以與其說孩子依賴心強，不如說是喜歡撒嬌。

媽媽對於這樣的狀況雖然「感到強烈不安」，但孩子很可能是藉著糾纏「媽媽，幫我做」，製造和媽媽說話的機會；或是想讓媽媽陪在自己身邊。這是因為即使孩子做到這些事，認為「理所當然」的母親也不會稱讚自己。

但是最需要擔心的是，這個孩子可能不是天生愛撒嬌，而是**因為教養時沒為她建立自信心，以致變得愛撒嬌**。要求媽媽幫忙畫畫的孩子，很可能是曾經被朋友嘲笑：「你的圖畫得好醜～」導致對畫畫缺乏自信。

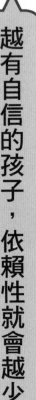

◆孩子把汽車輪胎畫成五個了，要指正他嗎？

小孩到了五歲，多半都能分辨擅長畫畫的人和自己的畫有所差異。哥哥姊姊看到弟妹畫的蝴蝶，出口嘲笑：「你畫的是什麼？跟毛毛蟲一樣∼」這類無意脫口而出的玩笑話，也可能使孩子再也不想拿起畫筆。

另外，有些父母看到孩子畫的圖，一邊說「不用心畫，看不出你畫的是什麼喔」一邊幫孩子修改畫作，也是造成孩子沒有自信的因素。

父母可能會遇到下列情況：孩子畫了一部車子，卻在車上畫了五個輪胎。這時有的媽媽會說：「畫錯了！輪胎應該是四個才對！」然後要孩子用橡皮擦掉，或是重新再畫。

換做是我會這麼說：**「啊！這部車是越野車對吧！輪胎有一、二、三、四、五個呢！第五個是附在車後的輪胎，好厲害！這樣就不怕爆胎了！」**

當然，可能孩子畫的根本不是越野車。但孩子拼命畫給你看的圖，總是想得到誇獎不是嗎？**畫的內容究竟正不正確，根本一點都不重要。**

剛剛舉的只是一個小小的例子，在與父母諮商時，我常忍不住感嘆：「這位媽媽真是浪費了一個好時機！」、「哎呀！剛剛的應對真是太可惜了！」難得有那麼多可以好好稱讚孩子的機會，媽媽卻完全沒注意到。甚至就像剛剛說的例子一樣，把難得的「讚美機會」，用來指責孩子。

◆研究各種讚美詞，是教養必做的功課

同樣煩惱孩子愛撒嬌的父母親，請你務必要多多讚美孩子，讓他更有自信！或許有些父母會納悶：「但是，沒有把事情做好的孩子，我該怎麼讚美他？」其實要領和體能訓練一樣，就是「練習、練習再練習」。

比方說，如果我是一個小學導師，全班共有四十個學生，不管我擔任哪一個學年

的導師，我一定會設法每天對四十個人，以四十種不同言詞或方式去讚美他們。

有些學校的老師或許會說「這種事我也做得到」、「我也有這麼做啊」。不過，一旦要求他們實際去做，老師就開始覺得詞窮或缺乏具體事蹟。最後只好套用模稜兩可的「你真是好孩子」、「你真的很像三年級的大哥哥」之類適用於多數人的制式稱讚。

大人應該要具體地讚美孩子才對，例如：

「下課休息時，你幫○○撿起掉在走廊的手帕對吧！」

「謝謝你悄悄地幫我把籃子放回來。」

「○○真是小發明家！好棒的創意喔！」

只要仔細觀察孩子，就會發現他們值得讚美的行為俯拾皆是。然後，**即使已經讚美過孩子的行為，當他重複相同行為時，也要以不同方式讚美。**比方說，我的女兒用溫柔的聲音照顧我們養的狗小天，我會誇獎她：

「小天很喜歡妳這麼照顧牠呢！」

之後當我看到同樣的狀況時，就會對女兒說：

「小天好像把妳當作媽媽噢！」

只要真心想著無論如何一定要讚美孩子，絕對能發現他值得稱讚的地方。不久之後，父母讚美的詞彙就會變得更豐富。多誇獎孩子就能培養他積極主動的個性，所以爸爸媽媽們會發現，準備好多樣化的「讚美劇本」是多麼重要的事。

◆即使失敗了，仍然可以讚美孩子「Good try」

我年輕時曾到美國遊學，有待在寄宿家庭的經驗。現在則因為常以教養專家的身分和國外的研究人員交流，所以很了解美國人的行為模式。美國人真的是什麼都能誇獎，他們高超的讚美技巧令人又羨慕又嫉妒。

如果你走在路上，會被素不相識的陌生人讚美「**你的帽子真漂亮**」、「**好酷的夾克**」、「**我好喜歡你戴的手錶**」等等，有時候被過度讚美穿著，甚至會懷疑：「**他們是打算搶劫嗎？**」連陌生的路人都如此，更不要說父母讚美孩子的次數及豐富性，亞洲的父母根本無法相提並論。光看美國連續劇或電影台詞，其中有關讚美的台詞就多得驚人，這種態度值得我們仿效。

比方說，孩子在籃球比賽中，想嘗試三分球投籃。如果投進得分當然會被稱讚，可是萬一沒有進籃時，他們不會說「**真是太可惜了**」、「**差一點就投進了**」。

美國父母說的是：「Good try（很好的嘗試）」，讚美孩子勇於挑戰的精神。請父母務必要學習此種表現方式，**即使孩子失敗了，只要能讚美他「Nice challenge（很棒的挑戰喔）」，孩子就不會因此失去自信。**

我想大部分的美國人，應該很喜歡讚美他人的「自己」吧，能讚美他人的人，腦中擁有一個寬廣的想像圖，我認為那就是他理想中的「自我想像圖」。

另一方面，亞洲人則缺乏這樣的自我想像圖。因此，當孩子有不良行為時，父母便會嚴厲責備，希望博得「**這個家庭有好好管教孩子**」的評價。亞洲家庭或許就是被「嚴厲責備」這樣的價值觀束縛住了。

近年來這種舊式價值觀開始崩壞，新一代父母完全踢開過去祖父母輩的教育方式，篤信要對孩子寬容、具有同理心，結果變成任孩子予取予求，過度寵溺。

「**那位母親真是溫柔有耐性**」、「**只要孩子一哭就抱著哄，真是了不起！**」我不認為這樣是對孩子好，反而認為他們是不及格的父母。相反的，當我偶然看到選擇恰當言詞，激勵孩子的母親，就會忍不住想稱讚她「**這位媽媽，做得好啊！**」

◆「只重視成績」的父母，會教出傲慢的孩子

讚美詞彙豐富而多樣化的父母，是因為他們會從多元的角度觀察孩子表現。

假設有個很會唸書的孩子，但這個孩子很傲慢，自認優秀而眼高於頂，他在家批

評功課不好的孩子：

「班上都是一些不會讀書的笨蛋！」

「只能和三十九個功課差勁透頂的人唸書，我真是太可憐了。」

這個孩子，或許在班上成績是第一名，但就人格品行來說卻是最後一名。不過孩子之所以有此態度，很可能是父母只重視成績的結果。因為父母對孩子成績優秀已經非常滿足了，只看到這個優點，就會只讚美這個部分。

即使看到孩子友善對待鄰居幼小的孩子，父母不但沒有誇獎，也不曾給予關心，這樣便無法養成孩子良好的人格。其實，任何人都一樣，要找出別人的二十個缺點很容易，要找出二十個、三十個、四十個優點卻得煞費苦心。

父母只用一把尺來衡量孩子的行為，並加以讚美，會伴隨很大的風險。就像前面的說明，**仔細觀察孩子的行為，在適當的時機讚美！即使是相同的行為也要改變讚美方式，失敗了也要誇獎他等，用各種角度觀察孩子的表現，就能增加讚美的多樣性。**

丟掉制式讚美，打造愛的「讚美劇本」

★ 孩子嘗試三分球投籃時，差一點就投中了……

NG「真是太可惜了！」、「差一點就投進了！」
「真令人遺憾！」、「你應該再瞄準一點！」

OK「Good try!」、「Nice challenge!」
「真是一場精彩的比賽！」、「下次一定能投進！」

★ 訓練孩子自己上廁所，他因來不及而尿褲子時……

「你想自己去上廁所對吧？真棒！」

★ 畫的圖違背常理時……

「有腳的魚耶！真棒！這樣的話就可以一起玩捉迷藏了呢！」
「耳朵圓圓的小白兔，看起來特別溫順可愛呢！」

★ 面對想幫忙做家事卻打破盤子的孩子……

NG「啊！真是的！別製造麻煩。」
「太危險了！你到旁邊去！」

OK「你想幫媽媽的忙對不對？真謝謝你！沒關係喲！」

想要嘗試的孩子、打算幫忙卻失敗的孩子，請讚美他的「動機」、「貼心」、「挑戰的精神」吧！

◆父母要將「正確的價值觀」傳達給孩子

父母能注意到這一點的話，還會出現另一項優點。當父母能以多樣化的尺度衡量孩子表現，以不同觀點讚美他，孩子也會在不知不覺中模仿父母。

「那個孩子是班上跑最快的！」

「那個孩子雖然平時都不說話，可是舞跳得很棒喔！」

「媽媽雖然平時都在說和成績有關的事，但那個孩子是全校最有趣的！」

類似這樣找出孩子同學的優點，以言詞讚美，由此孩子也能以更客觀的角度評價自己「我雖然功課很好，但運動就不太行了」。

孩子進入青春期之後才開始讚美就太遲了！最好趁他還小的時候，在二十歲以前，給予無限讚美。從小開始培養孩子正面的態度，等他長大後，就能經常自我激勵、自我反省了。

第 2 章

愛挖鼻孔、不開心就打人，如何修正孩子的不良行為？

改掉孩子壞毛病，父母一定要有的 7 個教養態度

01

孩子在公共場合不停奔跑嬉戲，真擔心他的安全！

抓緊手，讓他體會「亂跑很危險！」

Q

我的孩子很好動，如何讓他改掉亂跑亂竄的危險行為？

我的兒子今年四歲。牽手一起走路時，他會突然放手跑出去，我很擔心他被車子撞到，因為實在太危險了，希望他改掉這種毛病。不過，因為他是男孩子，天性又比較好動，很難讓他乖乖聽話。我很擔心萬一因而發生意外怎麼辦？

A 牽手時扣住手心、緊貼大腿，讓孩子乖乖走路

我想任何家庭應該都有類似這樣的小問題，但卻是令人非常在意的行為。

像這個諮商問題中一樣，我們經常可以看到走在馬路上，孩子突然放手跑掉，母親在後面追著喊：「不行！快停下來」的狀況。孩子的行為難以預料，跑得又快，擅自跑離父母身邊，在交通量大的道路、十字路口或車站月台等，都非常危險。

教養諮商中，過動兒最常有此情形，若是家有過動兒的母親不知道如何應對這樣的行動，甚至會造成致命的傷害。我先直截了當地回答這個諮商問題吧！

「希望孩子改掉突然放手跑出去的毛病，應該怎麼做？」

我的回答也許會讓你覺得很奇怪，那就是**「好好地牽著手不要讓孩子跑掉」**。

◆比起「不停嘮叨」，不如用「行動」讓孩子學乖

媽媽可能會反應：「開什麼玩笑！請你好好地回答」。

「連一次都不允許！再也不要被孩子鬆開手跑掉！」這就是我的回答。

媽媽務必牢記「只要一大意孩子就會跑掉」，緊緊牽著孩子的手。牽手練習走路時，媽媽要在腦子裡不斷提醒自己「不要大意、不要讓孩子跑掉」。

牽手是有要領的！不是像平時手心對手心的放鬆牽法，**媽媽一定要把孩子的手心夾在拇指及四根手指當中（不是握住孩子的手指，是握住「手心深處」）。**用手指整體像環繞住孩子的手一樣，孩子就無法把你的手甩開。這麼一來，孩子知道想亂跑也跑不掉，就會乖乖跟著你走。

如果孩子用盡全力想甩開手，或是扭著身體想拉著你走，不妨把牽著他的手貼緊你的大腿外側，這麼一來，孩子的手臂無法自由伸展，就很難掙脫亂跑。

這樣牽手，比不停碎念更有效！

❶ 把孩子的手心夾在拇指和四指中，握緊他的手。

❷ 牽著孩子的手貼緊大腿外側，讓他更難掙開手。

❸ 孩子試圖甩開手的力量減弱，可稍微放鬆力道。

❹ 只要保持握住手心的狀態，即使孩子突然想採取什麼行動，也能立即臨機應變。

❺ 累積「和媽媽牽手時，絕對甩不掉、沒辦法亂跑」的經驗。

就算試一百次，一百次都甩不掉！（偶爾讓孩子甩開手的話，他以後會更想掙脫）只要能有這樣的經驗，以後手牽手就能夠輕鬆自在了。

用拇指和四根手指，緊扣小孩掌心！

經常看到有些媽媽緊抓孩子的手腕走路，大概是擔心孩子亂跑才出此下策。但這種做法很不可取，因為**被強制拉著走的感覺十分討厭。**

◆隨時和孩子「練習怎麼牽手」

當孩子習慣這種牽手方式後，不會再甩開你的手，能夠好好地和父母一起走路時，就可以稍微放鬆手的力道。但仍要用拇指和四指夾住孩子手心深處的握法。

用這種方式握住孩子的手，即使孩子突然想甩開手，爸媽也能立刻加強力量，不致於讓小孩得逞。然後，告訴孩子「因為很危險，跟媽媽把手牽好喲！」孩子就會漸漸明白。**因為處在不可能掙脫手的狀態，所以孩子不得不理解。**

詢問認真執行「牽手練習」的媽媽一個月後的情況，有些媽媽會說：「**幾乎都可以做得到，十次當中只有一次手鬆開了。**」但是，十次當中有一次掙脫跑掉，讓媽媽在後面追的經驗，會造成孩子以後繼續嘗試掙脫。因此，「幾乎都可以做得到」、「十次當中只有一次手鬆開」都不行！

父母要做到讓孩子試著掙開十次，十次連續失敗；嘗試一百次、一百次都失敗。手牽手走路時，絕對不能讓孩子亂跑。

「別亂跑」不是講給孩子聽，而是要實際練習，直到孩子放棄掙開為止都不能鬆懈。當孩子過了一歲開始會走路時，就不斷重複練習（而且掙脫次數是零），這樣到了兒童期，他就算不用牽手也會乖乖走在媽媽身邊。不僅是這個諮商問題，父母想改變孩子的任何行為，耐心堅持到底是非常重要的！

02

孩子一聽到刷牙、吃藥，就逃之夭夭？

讓小孩「不再討厭刷牙、吃藥」的妙招

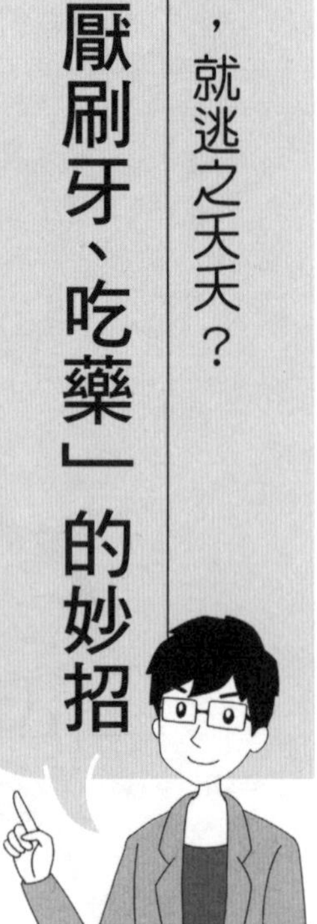

Q

孩子非常討厭刷牙，甚至會大叫「我不要！」怎麼辦？

孩子還沒辦法自己刷牙，所以每天都要提醒他「來刷牙吧」，可是他每天的反應都是大叫「我不要」，必須不斷要求他「乖乖地別亂動」！

Q 每次餵孩子吃藥，就會變成一場「母子追逐戰」？

孩子討厭吃藥，即使容易入口的糖漿他都很排斥。只要孩子一感冒，餵他吃藥就要追趕跑跳碰，簡直令我一個頭兩個大。有沒有什麼好辦法呢？

A 運用大人體力的優勢，教導孩子「任性是行不通的」！

遇到類似上述情況時，也要抱著和牽手相同的想法。不管遇到任何一種不想讓孩子亂動的狀況一樣，可以先把孩子的頭夾在大腿之間，這時候若是孩子的手能自由活動，就容易跑掉，所以要用大腿壓住孩子的手。總之，設法避免孩子暴走。

這時必須注意，雖然要確實抓住孩子，但絕不能擺出一臉可怕的神情。就算孩子哭鬧大叫，也不要大聲斥責。反而應當更溫柔地微笑說：「乖——嘴巴張開。」如果這時候媽媽一副兇神惡煞壓住孩子，他更會感到討厭而反抗。

還有一個更重要的關鍵，**如果孩子不再掙扎扭動，媽媽也要稍微放鬆力量。**就像剛剛牽手的例子一樣：「當孩子習慣這種牽手方式，不會再甩開你的手，而且能夠好好地和你一起走路時，就稍微放鬆手的力道。」這是相同的道理。

◆讓孩子知道「即使反抗也沒用」，才能養成好習慣

當孩子放棄掙扎時，媽媽也斟酌減輕力道，讓孩子處於輕鬆的狀態。這麼一來，討厭刷牙及吃藥的抗拒感就能降低。當然，**刷牙和吃藥之後，一定要好好地給予讚美。**只要經常重複這個練習，有一天不需要再費力固定孩子他也不會亂動，能自己乖乖刷牙，或乖乖讓媽媽餵他吃藥了。

當然，要是孩子中途又開始亂動、想要逃走，爸媽就要再用點力氣固定他。這是父母和孩子的毅力比賽，看是父母先放棄，還是孩子先放棄。**當然，父母的毅力一定要比孩子強，直到孩子放棄為止。**

刷牙或吃藥對孩子來說並非有趣的事。和其他好玩的事搭配利誘雖然也很有效，但是這些「一定要讓孩子養成的習慣」，必須讓孩子經歷「即使反抗也沒用」的學習。像這樣有效運用成人體力、體型的優勢，能夠讓孩子當場記住「必須要忍耐」。這是矯正孩子令人在意的壞習慣或行為時，非常重要的方法。

03

小朋友好愛挖鼻孔，挖完又揉眼睛，該怎麼教？

教他面紙的使用方法，戒除不雅毛病

Q

孩子老愛在眾人面前挖鼻孔，該如何讓他改正？

我的孩子一閒下來就挖鼻孔，然後又直接吸手指。他在別人面前也會這麼做，令我非常難為情！但是一直制止他，他反而更故意去挖，很令人煩惱。

A 教會孩子用面紙清潔，告訴他還有「更有趣」的方式喔！

只要每次都當場練習、讓孩子學會忍耐，就能矯正孩子令父母困擾的行為。常有父母對年幼的孩子抱著樂觀的態度，覺得「不用管它，只要長大自然就會好了」，但也有些父母非常擔心，因為有些人即使長大也改不過來。

這種情況下，**想教導孩子「不可以在別人面前這麼做」，如果他已經聽得懂你說的話，請直接口頭告訴他。**然而大概很多父母會表示：「已經這麼告訴孩子了」，的確如此，不許孩子做的事，只用口頭禁止幾乎完全無效。

用講的孩子聽不懂時，就告訴他「挖鼻孔的場所」。比方說，「如果鼻子癢癢的，到洗手台挖，挖好了把手洗乾淨」。

◆教孩子「怎麼做」，而不是「禁止他做什麼」

另外，可以把面紙揉成長條、頂端圓圓的樣子（接近鴻喜菇的大小），告訴孩子「**用這個清潔鼻子，可以清掉很多髒東西喔！**」然後讓孩子親自試試看。白色面紙挖了鼻孔之後，可以清楚看到鼻屎是黑色的，往後出現不同的鼻屎顏色，也能成為一種親子話題。

孩子也有可能因為「哈！用面紙可以清得好乾淨！」覺得有趣所以一直用面紙清潔鼻子，但也能因而學到過度清潔會流鼻血的教訓。

只需要教導孩子挖鼻孔的場所及方法就可以了。處理其他問題的原則也相同，不是「禁止」孩子做什麼，而是教導孩子「應該怎麼做」，才是有建設性的做法。

04

喜歡玩生殖器官的孩子，是不是性格有偏差？

「若無其事」地指正，反而更有效

Q

孩子愛玩弄自己的小雞雞！該如何讓他改掉壞毛病？

我兒子現在六歲，經常在別人面前玩小雞雞。我不知道怎麼讓他改掉這種毛病，每次看到就覺得很厭煩。

A 每一次都叫孩子去廁所洗手，讓他覺得「很麻煩」！

很多有小男孩的母親，可能都有這樣的煩惱吧？小男孩或許都會出現玩弄生殖器的狀況。像這個媽媽一樣感到嫌惡，在意程度勝過其他行為的情況也很普遍。

遇到這種情形，不妨教孩子「**如果小雞雞很癢，就去浴室洗一洗喔！**」告訴孩子清潔的重要性。不過另一個問題是：如果孩子外出時玩弄生殖器官時該怎麼處理？

假設出去吃飯，孩子在上菜前玩小雞雞。這時候就告訴他：「**因為碰到小雞雞了，我們去把手洗一洗。**」然後把孩子帶到洗手間要他洗手。**雖然桌上有濕紙巾，但故意不用濕紙巾，而帶孩子去廁所洗手，這是為了讓孩子的行為伴隨「麻煩的後果」。**

換句話說，就是故意讓孩子感到麻煩。雖然媽媽也希望能快點吃飯，忍不住想責備孩子「不要玩小雞雞」，但是以若無其事的表情刻意做這麼麻煩的事，反而是更有效的處理方式。

◆習慣「打孩子的手」來教育，是很差勁的父母

打孩子的手，斥責他「**不可以！**」即使孩子當下停止行為，但每次只要他這麼做，就一定得動手打他。這不但無法收到成效，甚至可以說是最差勁的應對方式。別執意糾正孩子「不要玩小雞雞」，而應該好好教他「吃飯前摸了小雞雞不衛生，要再洗一次手喔**！**」

事實上，當幼小的孩子專注於感官刺激時，應該把它當作「遊戲選項過少」的信號。如果因為母親個人的想法，孩子「不可以玩電動」、「玩泥巴會把衣服弄髒，不可以玩」、「跳舞會吵到樓下的人，不可以」等等，小孩最後就只能玩自己的身體了。

◆讓孩子「忙一點」，多找一些遊戲活動給他玩

我曾經問一個頻繁玩弄生殖器的五歲小男孩：「玩小雞雞和電動，你覺得哪一個好玩？」結果不出所料，小男孩回答我：「電動！」因為他媽媽每天規定他只能玩三十分鐘電視遊樂器。所以後來改成一天可以玩兩小時之後，他就幾乎沒再玩自己的生殖器了。

雖然這種方式不適用於青春期以後的孩子，但面對年幼的小孩，不妨多增加室內遊戲的項目，或是去室外玩泥巴、跑步等。

前面列舉的只是孩子令人在意的部分行為，但教養方法也適用於其他行為。切記每次都要立即教導孩子「正確的行為」，父母千萬不能嫌浪費時間或怕麻煩。

05 我的孩子有「暴力傾向」？

教孩子「互動」的方法，別猛講道理

Q

只要有不如意的事，孩子就出手打人！甚至連父母都打？

我的兒子今年五歲。他在幼稚園和小朋友一起玩的時候，如果想和小朋友共享玩具，他不會好好講，總是立刻出手打人。連對父母也是動不動伸手就打。我想糾正他這種無法「用言語和人溝通」的個性。

A

讓孩子知道只要「打了人」，就必須「馬上回家」！

這種情況下，最容易看到孩子打其他小朋友，媽媽斥責小孩「不可以打人」，被罵的孩子就哭了。然後媽媽便問孩子：「為什麼打人？光是哭媽媽也不知道你為什麼打人。好好說明理由！」當場亂成一團，難以收拾殘局。

這種時候，多數母親都希望孩子說出自己的心情。偏偏他**就是因為說不出「想要朋友的玩具」，所以才打其他小孩**，要是能說得出這樣的心情，就不會打人了不是嗎？父母像這樣會錯意的狀況非常多。

爸媽幾乎都沒教打人的孩子如何採取適當行動。想改善孩子的暴力行為，最有效的做法是不斷重複練習，練習與朋友互動、交涉，該怎麼說比較好。

◆孩子還小，不懂說出自己的「心情」

孩子和朋友搶奪玩具忍不住動手打人，首先要讓他向朋友道歉說「對不起」。催促孩子：「應該說『對不起』吧！」但孩子卻始終不願意道歉時，可以暫時不要處理，因為他總有一天能學會道歉。與其當場僵持不下堅持孩子道歉，我們還有更好的應對方式。

把孩子帶到公園一旁，約距離三十公尺的位置，冷靜而堅決地告訴孩子：「不可以打人，要說『請借我』喲」。因為把孩子從遊戲場拉開到這麼遠的距離，孩子很可能會抗拒、大哭大鬧喊著：「我不要——！」但是看到孩子抵抗，父母便能更確信這個「帶離現場作戰」的方法有效。

如果孩子待在遠離朋友的距離，稍微平靜下來了，再讓他回到遊戲場。萬一他又打小朋友，就再把他帶到三十公尺外的位置，再一次冷靜而堅決地重複：「**不可以打**

人，要說『請借我』喲」。此時情緒化地斥責孩子「要說幾次你才會懂？」是沒有意義的，只需把「打人」和「會被帶開遊戲場」之間連結在一起就可以了。

◆先把孩子「帶離現場」，再和他好好說

如果孩子號啕大哭到無法收場，就平靜但堅定地告訴孩子：

「因為你打人，我們今天就先回家吧！」

然後直接帶著孩子回家。這時即使孩子連忙道歉說：

「對不起！對不起！」

如果已經告訴孩子「要回家了」，就執行到底吧！因為孩子可能隔天，就能懂得說「請借我」。**孩子現在所說的「對不起」，不是向朋友道歉，純粹是因為他不想回家，所以才向媽媽說對不起。**

只要能堅定地面對孩子這種行為，「打人」與「離開遊戲場」的後果連結就會更

強，以後即使和朋友爭奪玩具，小孩就不會再打人，而是能夠直接以言語表達「請借我」了。

這個提問有件事很令人在意，那就是「不懂得口頭表達，立刻就動手的個性」。媽媽認為立刻動手打人是孩子的天性，但也有下列這種可能喔。

可能父母本身沒有察覺，平常爸媽在孩子行為不當時，立即動手制止孩子的個案很多。事實上，曾經有來諮詢教養問題的媽媽，提出「我家的孩子只要不高興，就立刻動手打人」，而她在會客室等待的三十分鐘裡，卻打孩子的手要他安靜。

也就是說，**父母等於示範了生氣時動手制止的行為，使孩子加以模仿。即使母親原本用意是想教導孩子，但卻成了錯誤示範**，孩子只要不如意又不知如何處理時就打對方。孩子令人在意的行為，往往是父母親的一面鏡子。

有時是爸爸出手打孩子，東方社會「嚴父形象」特別鮮明，父母也沒有考慮到自己的行為已經影響到孩子。說不定，兄弟姊妹之間也有動手打人的狀況。

◆孩子習慣性打人，都是跟父母「學」的

由於環境因素不容易注意到，所以很多人相信**「壞習慣是孩子的天性，務必要矯正他的個性。」**甚至還有可能發生下列這種更糟的狀況。

不喜歡媳婦的婆婆，話中帶刺地說：「我家的孩子個性溫順，他小時候從來沒有伸手打人的習慣，這到底是像誰啊？」把這種情況說成是遺傳。結果，對媳婦抱怨時，把孩子（對婆婆來說是孫子）的個性歸咎於媳婦的遺傳。

這種「到底是像誰」的攻擊，其他情況也經常出現：

「和媽媽一樣是B型，所以才這麼我行我素吧？」

「因為是獨生子，所以把孩子慣壞了吧？」

各位是不是也聽過類似的話呢？像這樣把孩子的壞習慣歸咎於「天性」、「遺傳」變得理所當然。然而，一旦被這種想法束縛，教養子女就會偏往錯誤的方向。

◆把「性格」改為「行為特徵」吧！

所謂的「性格」究竟是什麼？人類的性格到底會不會改變？這是心理學的領域，也是許多學者研究的主題。

也有人說性格是「天生的」，對於「性格無法改變」的印象根深柢固。因此，對孩子「動不動就出手打人的性格」感到失望、焦慮。

但是，如果不要使用「性格」一詞，而是換成「行為特徵」呢？孩子出手打朋友不是天生的性格造成的，而是行為特徵。「如果是行為，似乎仍有改變的空間」。心情是否能變得輕鬆一些呢？是不是開始覺得「好像不必想得那麼嚴重」。

認為孩子的不良行為是基於「性格、遺傳」，就會認為「做什麼努力也徒勞無功」，以致感到絕望；**如果把它視作「行為特徵」，就能從宿命論中解脫，使改變的可能性大增。**這個想法是很重要的關鍵。

◆「真拿他沒辦法！」只是父母懶得教孩子的藉口

為了改變必須「練習」。的確，越是被稱為「性格」的行為模式，也就是不容易改的習慣，要改變絕對不是一件簡單的事。

但是為了改變習慣，而改變日常行動是有可能的，只要看看戒煙成功的人、被診斷為糖尿病患者的飲食習慣變化，就能清楚幼兒期建立好習慣的重要性了。認為「天生就是這種性格，拿他沒辦法」因而放棄，可說是教養子女最大的怠惰。

假設有三個孩子，「長男是愛哭鬼」、「次男動不動就打人」、「三男只要鬧彆扭就很難跟他講道理」孩子個性都不一樣，一般父母會說「三兄弟個性都不一樣」，其實並非如此，是「大家的行為模式都不一樣」。**如果了解只是行為特徵不同，就會用心思考「該如何讓孩子學會哪些正確的行為？」**

06

一直問孩子「為什麼」不算是溝通

只是想知道「孩子這樣做的理由」，難道有錯嗎？

Q

問孩子「為什麼要這樣？」她就是無法好好回答？

我的女兒現在六歲，只要三歲的妹妹玩她的玩具，她就故意搶走，讓妹妹大哭。因為這種情況相當頻繁，所以我便問她：「為什麼不借妹妹玩？」、「為什麼要這麼做？」但是她卻沒辦法好好地回答我。我對她這樣的態度非常在意。

A

給孩子具體的提示：「兩點四十五分到三點借給妹妹玩。」

不不不，令我在意的反而是媽媽的態度。母親當然會有「希望孩子能夠達成某種標準」的期待。沒有一位母親會說：「不，我對孩子不抱任何期待。」期望孩子成為「願意照顧妹妹的好姊姊」、「能夠遵守約定」等，都是身為父母合情合理的想法。

因此，當孩子做出違反母親「預期孩子應有的行為」，母親就會忍不住脫口而出：「**為什麼不借妹妹玩？**」、「**為什麼要那麼做？**」母親或許心裡會想著：「這樣下去對孩子不好」、「孩子一定有什麼原因才會這麼做」。

◆即使追問孩子「為什麼做不到」，他的行為也不會改變

然而，母親不應該把心中的「為什麼」直接問出口，因為即使追問孩子，他也回答不出究竟為什麼這麼做。**母親的追問，只是把心中未達期望的困擾直接拋給孩子，向孩子追根究底，也於事無補。**

「為什麼衣服脫下來隨便亂丟！」

「為什麼不和朋友一起玩呢？」

「為什麼都不跟隔壁的田中先生打招呼呢？」

我認為把應該質問自己的「究竟有什麼原因」、「為什麼」這些問題，用來追問孩子，是「不負責任」的行為。

相信一定有不少人會想「**啊！我也常說這些話呢！**」只要能這樣自我反省，重新審視如何和孩子溝通，就不會再問出他們無法回答的問題，也能練就教養子女的真功夫。

◆別問個不停，提出「實際方法」孩子才會改變

「為什麼……？」只是把母親想講的話，簡化成「為什麼」的形式表現出來。不過是單純以質問的語句表達不滿而已。父母以這種形式說教，孩子就算經過三年、十年也不會改變。

而且，**隨著父母一再抱怨，對孩子的失望逐漸加深，孩子畢竟只是孩子，了解的只是受到父母責備，自己的情緒卻找不到出口，長久下去會形成惡性循環。**能夠切斷這種惡性循環的，是告訴孩子具體的做法，來取代錯誤的行為。

比方說，從妹妹手中搶回玩具的姊姊，給予她具體的行為建議：

「這個玩具兩點四十五分到三點借給妹妹玩好嗎？」

或是給她看看時鐘或計時器，問：「十五分左右應該沒關係吧？」

如果孩子能接受時，要好好感謝她：「謝謝妳噢！」

其他像是容易忘東忘西的孩子，不妨和他一起列出物品清單，建議他：「去學校

前，一項一項指著確認是不是比較好？」鉛筆盒、教科書、筆記本、聯絡簿等，藉由每天確認，孩子也更容易注意到忘了什麼東西。

這麼一來，用不著再一一追問「為什麼欺負妹妹」、「為什麼老是忘東忘西」，也能修正孩子的行為。

◆偶爾讓孩子「想辦法」，父母從旁協助

以同樣的思考邏輯，一起來想想看：早上老是起不來的孩子，如何讓他提早一個小時起床？不需要再罵孩子「為什麼早上總是這麼散漫？」

像這樣的情況，不僅要改變孩子賴床的應對方式，如何讓孩子前一天晚上早一點去洗澡，或是晚飯提前一個小時等，逆推式的思考是解決問題的要領。**不是去解決「散漫」的問題，而該解決「環境」問題。**

但是，對於母親的提案，孩子是否能順從又另當別論了。搞不好孩子會說：

「我絕對做不到！」

要是不謹慎處理，反問：「為什麼反對媽媽的提議？」、「為什麼做不到？」等於掉入挖好的陷阱，所以必須小心應對。

這時候應該問孩子：「那麼，要怎樣你才能做得到？自己想想看！」假設為了要早一點起床，所以希望能提早前一天洗澡及晚飯的時間。但是最大的關卡是九點有想看的電視節目。

此時可由母親提出建議：**「把這個節目錄下來看如何呢？」**試探孩子是否願意改變行動。

即使無法立刻實行，只要和孩子商量好「好吧！就依照你的提議，練習三個月，**媽媽也會協助你。**」便能實際討論孩子應該做哪些事，母親也不致於因為本身長期不滿累積，而責備孩子「為什麼做不到？」、「為什麼你老是這個樣子？」

優雅的父母會用「具體行為」教孩子

✘「為什麼衣服脫下之後亂丟？」

○「**有人能夠像媽媽一樣，把衣服摺得整整齊齊的嗎？**」

○「**有人能夠自己把衣服拿到洗衣籃嗎？**」

✘「為什麼老是忘東忘西的呢？」

○「**去上學之前，先核對貼在玄關上的清單吧！**」

✘「為什麼欺負弟弟？」

○「**哥哥可不可以和弟弟一起刷牙，教他怎麼刷呢？**」

✘「為什麼不借妹妹玩呢？」

○「**兩點四十五分到三點，要借給她噢！**」

我也要跟熊貓玩~~
即使問孩子：「為什麼做不到？」孩子也不知所措。這只會使母親的不滿越積越多。

◆教孩子從失敗中思考「如何解決問題」

「為什麼做不到？」、「為什麼你會……？」這些話如果只是在母親內心喃喃自問倒也沒有關係。

只不過，這樣的自問自答不能長久持續是非常重要的。即使沒有說出口，**心中卻一直想著：「為什麼？」、「怎麼會這樣？」就無法好好引導孩子的行為。**因此，我希望各位媽媽動動腦，想一想問題的解決之道。

只要媽媽抱著這樣的態度，孩子對於媽媽失敗的嘗試及苦心，能當作一個經驗，對孩子產生正面的影響。發生不如意的狀況時，也不至於在心中堆積「為什麼？」、「怎麼會這樣？」的不滿譴責他人，而是能思考「那該怎麼做才對？」

教養子女期間，學會不斷提問「如果是你，會怎麼解決這個問題？」是非常寶貴的經驗。親子可以一起從失敗中學習，最後得到解決問題的喜悅。

奧田老師，我有問題！

孩子很喜歡從冰箱亂拿東西吃，結果正餐都吃不下？

不希望孩子擅自拿取冰箱的食物，以及認為這沒什麼大不了的母親，回答大相逕庭。平時三餐吃到幾分飽，依據孩子的狀況也會產生不同答案。

我給大家一個提示吧！那就是你有沒有教孩子「在哪裡吃東西」？

學會坐在餐桌前吃東西的孩子，等於由媽媽決定他可以吃什麼。但如果是在任何地方都能隨意吃東西的家庭，孩子也不會意識到「用餐禮儀」的重要性，當然會自行開冰箱拿東西吃。

即使是從冰箱裡拿出來，孩子立刻就能吃的食物，也要讓他在餐桌前坐好再吃。養成這項習慣的家庭，母親就不會有此困擾了。就算只是給孩子吃一塊餅乾，媽媽也要請孩子乖乖坐在餐桌前等。

所有爸爸媽媽都該拋開「孩子我行我素」的想法，而是重新檢討自己是否變成「養成孩子任性的父母」。

07

父母真難為！如何化解孩子的任性？

讓孩子學習「輸得起」，別讓他予取予求

Q 想改變孩子出爾反爾、動不動就鬧彆扭的性格！

我的女兒八歲。原本預定一家四口週末要外出購物。幾天前因為一點小事，女兒突然鬧彆扭說：「哼！我不去了。你們三個人去就好！」但是到了當天，她卻開開心心地要出門。「咦？妳不是不去嗎？」我這麼一說，她就很生氣地說：「我要——去！」類似這樣的狀況經常發生，為什麼孩子動不動就鬧彆扭呢？

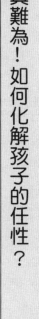

A 當孩子使性子說「不想去」時，就讓他自己待在家裡吧！

父母都遇過孩子鬧彆扭吧！就像這個諮詢問題中一樣，孩子並不是真的不想去，只是希望母親了解自己生氣的心情，故意鬧彆扭。像這樣的狀況，父母很容易把它視作天性——「那個孩子就是愛鬧彆扭」，認為這是孩子原本的性格。

但是，**鬧彆扭並不是個人特質也不是個性，只是「習慣」，是孩子在成長過程中養成的習慣性「行為」**。

因此，不需要再去苦苦思索「為什麼孩子總是愛鬧彆扭」。一旦歸咎於性格，就再度演變成「鬧彆扭是因為天性如此」，這樣將產生「拿他沒辦法」的錯誤想法。正確的應對方式是：**必須讓孩子對自己說出的話負責到底。**

◆別讓孩子養成「只要吵鬧，就能得逞」的壞習慣

比方孩子鬧彆扭說：「我不去了。我要看家，你們自己去不就好了？」這時候，就跟孩子說：「那就請你看家喔。」然後真的讓他看家。孩子鬧脾氣就採取這種方式應對。

假設如同前述問題般，孩子在約好一起出門的幾天前，突然鬧彆扭說：「哼！我不去了。你們三個人去就好！」這時候不用驚慌失措，只需再確認一次：「你真的不去嗎？」**如果孩子立即道歉改變心意說：「對不起，我還是決定要去。」只要當場道歉就原諒他。**

若再跟孩子確認：「你真的不去嗎？」孩子仍然執拗地說：「哼！我就是不要去！」那是因為他知道父母拿他沒辦法。

◆父母意志要堅定，讓孩子牢記這次「損失的經驗」

最不恰當的做法，就是出門當天，在意想不到的狀況下，孩子突然說：「**對不起！我還是要去。**」父母就允許孩子同行。

這時候，孩子可能會哭，捨不得孩子哭的父母，只要孩子溫順地流著淚，就會覺得「孩子都已經道歉了，把他一個人留在家裡太可憐了」，或是因為孩子大哭大鬧，擔心「把他留在家裡不知會發生什麼事」，結果就帶著孩子出門了。

這樣的處理方式徹底不及格！這種時刻正是矯正孩子鬧彆扭習慣的大好機會。只要意志堅定地告訴孩子：「**你已經說過不去了對吧！**」然後讓孩子在家留守。給孩子擁有這種痛苦的經驗非常重要（這並不是體罰，而是只有自己沒辦法和大家一起去購物商場的損失經驗）。我要再次強調：不需要體罰！但是務必讓孩子為自己說出的話負責，付出代價。

◆媽媽在心裡默默打分數就好，別一直詢問孩子意見

那麼，下列這樣的應對方式如何呢？在預定出門的前一天，母親因為非常擔心「那孩子是真心不想去嗎？」然後再次問孩子：「明天真的不去嗎？」

你認為這麼做到底好不好呢？

答案一樣是不合格！但這卻是最多媽媽採行的做法。

問孩子「明天真的不去嗎？」有時只會讓孩子更想反抗，甚至不把父母說的話當作一回事。

究竟是誰真正在乎這件事？父母根本不需要一再問孩子是否真的不去。只需靜靜地觀察孩子，在心中默唸「來跟媽媽道歉」。絕對不要一再催促孩子：「**不管什麼時候都沒關係，媽媽等你道歉。**」若孩子始終沒有主動道歉，在心裡默唸：「**出局！**」就可以了。

如果母親一直保持沉默，孩子來到母親身邊說：「前幾天我說不要一起去購物，可是我還是想去，我那時沒有想清楚，對不起！」只要他主動道歉，就完全沒問題。鬧彆扭說不去，心裡一定很不好受對吧？這時候媽媽只需微笑地對孩子說：「我知道了。那就一起去吧！」

◆不拿舊事威脅孩子，他才會認真反省

重要的是讓孩子經歷：「沒辦法跟大家一起去購物，完全是自己的言行造成的後果。」他一個人看家時，腦海裡回想的是媽媽說的那一句「你說過不要去了對吧？」這是很重要的關鍵！透過此種經驗，了解自己說的話傷害了別人，並招致如此結果，**因為自己鬧彆扭說不去，所以才必須為自己說出的話負責，是讓孩子認真反省的好機會。**

孩子透過經驗了解「如果再鬧彆扭，真的會被留下來看家」。只不過，教養子女

發生的狀況千奇百怪，並非每一次都能這麼順利解決。

比方說，孩子獨自看家過一個月後，這次全家約好要去附近的遊樂場。結果五天前，孩子剛好因為兄弟姊妹之間吵架，覺得很不高興，於是又賭氣說：「我不去遊樂場了！」

這時候，**媽媽千萬不要拿之前的事情威脅孩子「你又說這種話？」、「會跟上次沒辦法去購物商場一樣喔」**。而應該再次把孩子的行為當作絕佳的教育機會！只需若無其事地對孩子說：「喔。是嗎？我知道了。」這樣就夠了。

由於孩子曾經歷過「你說過不要去了對吧？」真的被留在家裡的經驗，孩子也很可能警覺：「糟了！我又說了不該說的話。」

母親冷淡的反應「喔。是嗎？」小孩也會感到不妙。在這種情況下，不需要母親一再催促，孩子也會出現「對不起」、「我下次不敢了」反省的態度。

◆「愛賭氣」的孩子，只會被大家討厭

有時候當事人也不一定了解為什麼自己會鬧彆扭。在一時衝動的狀況下，忍不住脫口而出任性的話，即使大人也有這樣的經驗。**但是，不讓孩子對自己的言行負責，等於是告訴孩子「鬧彆扭也沒有損失」。**這樣的習慣長大後仍改不掉會怎麼樣呢？比方說，出社會工作時：

上司問：「那件事辦得怎麼樣？」

「還沒好。」

「時間來得及嗎？要是不想做的話，我就交給別人做。」

這時候，如果賭氣說：「好啊。我無所謂。」會有什麼結果呢？

或是雖然沒說出口，臉上明顯露出不服氣的表情，結果又會如何呢？

◆讓孩子學負責，別只會用「賭氣」解決事情

「鬧彆扭」無法適用於成人社會。不但會讓周圍的人討厭，當事人也會失去幹勁，認為「反正公司沒人了解我」，或是「賭氣到底」，甚至決定向公司辭職。

好不容易就業，卻持續不了三年。別說三年了，可能連一年都撐不過去。有些人甚至連一個月都做不了。**為了避免發生這些狀況，從小就要讓孩子練習對自己的言行負責，體會「失去」的經驗。教養子女正是這樣的練習期間，只需一點一點慢慢練習就可以了。**

只要父母下定決心、堅持到底，就一定能把這樣的意念傳達給孩子。不久，孩子就能記住自己說了什麼，當說出過分的言詞時，自己會在意，也能意識到要為自己的言行負責。這就是身為一個人很大的成長。

記住！當孩子鬧彆扭時，就是導正孩子行為的絕佳機會！

奧田老師，我有問題！

「學前兒」愛鬧彆扭、亂丟東西，該罵他嗎？

約莫四歲、五歲的孩子也會發脾氣亂丟東西，或是鬧彆扭說：「那我不去了」然後怎麼都不肯動。對於一動也不動的孩子，有時候會看到媽媽好說歹說地討孩子歡心，但這時候也該讓孩子體驗「鬧彆扭沒好處」。

糖果和鞭子都不行，而是「給糖或不給糖（參考第一章）」。也就是說，不責罵孩子，但一定要讓孩子體會失去糖果的經驗，不能只以言語威脅。**使孩子親身體會由於自己的行為，失去原本可以享有的樂趣，是很重要的。**

雖然孩子可能會更頑強地使性子，但父母必須耐心跨越，不能因而屈服。孩子最後一定會了解鬧彆扭沒有好處，學著採取別的溝通方式。當然，若是孩子一開始就採取良好的溝通方式，父母也不能錯過時機，要好好地加以讚美。

第 3 章

別再做順著孩子，被牽著鼻子走的「水母爸媽」！

4 大教養關鍵，教出「不任性」的孩子！

01

如何「只教一次」就讓孩子改掉拖拉的習慣？

孩子不聽話、唱反調，其實是想要「父母多陪他」

Q

四歲女兒只顧著玩，每次吃飯、換衣服都被耍得團團轉？

四歲的女兒只說一次根本不會聽。「吃飯了喔！」、「我肚子不餓！」」換衣服、刷牙、睡覺，每件事都是一再重複。我家的孩子，與其說是熱衷玩遊戲無法停下來，不如說是讓我困擾想引起注意。有沒有能好好引導她的技巧呢？

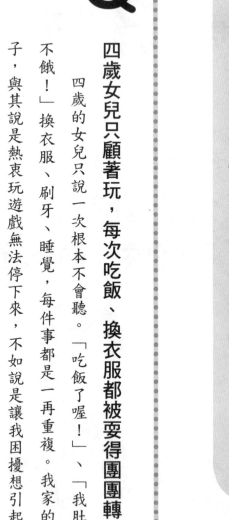

A 媽媽不能「被牽著走」，先奪回主導權吧！

四歲左右的孩子，不會照大人說的話行動，這是很自然的發展。這個孩子一定很愛媽媽，所以才想藉著反抗，和媽媽一直對話。也就是說，孩子使媽媽配合自己的步調，導致媽媽不知所措。媽媽首先應該注意到「自己被孩子牽著走」這一點。

◆孩子可以很聽話，只是父母都「用錯方法」

當母親說：「吃飯了！」孩子若是立刻答應，和母親的對話就結束了。但如果不要照著做，母親就會一再和自己說話。

當孩子鬧彆扭或唱反調，是一種能使對話來回次數增加的「引起注意技巧」。這個年齡的孩子，覺得引起媽媽注意，是一件「開心」的事。若是乖乖照著媽媽的話去做，她就會去做其他的事，孩子的「開心時光」就結束了。

以前述「天秤」的例子來說，不聽媽媽的話「開心時光」能延長，比起乖乖聽媽媽的話去吃飯更有吸引力，所以孩子當然會傾向「不要聽話，反抗媽媽」。孩子是從過去的經驗，自然學習到這一點。

◆讓孩子知道「反抗」也不能增加與父母的互動

了解這一點之後，母親應該採取什麼行動比較好呢？這個問題就等於「如何讓孩子只需說一次就會聽話」。

因為過去孩子累積的經驗是「只要反抗，媽媽陪伴的時間就會增長」，因此往後要讓孩子增加的經驗便是「即便反抗媽媽，對話次數也不會增加」。

媽媽喊：「吃飯了！」

孩子：「我正在玩！」

媽媽：「吃完飯再玩吧！」、「還沒玩完嗎？」

千萬別像這樣被孩子牽著鼻子走，而是讓對話一次終結：

「媽媽要吃飯了噢！開動！」然後就不要再理會孩子，直接開始用餐。

有些孩子看到媽媽一個人開始吃飯時，會覺得「啊！好討厭」，慌張跑過來飯桌。只要重複這樣的經驗，讓孩子明白反抗也不會增加與媽媽的對話，孩子就會試著改用其他方式，來增加與媽媽的互動。降低他希望藉著媽媽嘮叨、反覆催促，以增加對話的機率。

當孩子不情願地靠近餐桌時，要立刻誇獎他：

「媽媽一叫，你就立刻過來了呢！」、「你好棒！」

或是對孩子說：

「吃完飯後來玩吧！」

「今天要讀哪一本故事書呢？吃完飯和媽媽一起到書櫃找找看好嗎？」

這麼一來，孩子就能增加和媽媽愉快交談的經驗。

◆別跟孩子討價還價，「不斷說教」只會破壞親子關係

訣竅是不能對孩子開門見山地說：

「只要乖乖聽媽媽的話，媽媽就會一直陪你聊天。」

很多媽媽忍不住會對孩子這麼說。但是這種做法，孩子可能反而會說：

「我無所謂。」

於是，媽媽就會追問：「為什麼？你這麼不喜歡聽媽媽說話嗎？」

「因為這樣很煩嘛！」

「為什麼？……」

像這樣，還是在不知不覺中讓孩子牽著走了。

父母需要做的，只有一件事：簡短傳達必要的事情，孩子如果確實回應就會有好處（愉快的交談）。**如果沒有立刻回應，孩子就得不到好處（沒有愉快的交談）。不斷說教及冗長的對話，絕對不可能達到教育效果。**

◆生活中添加小獎賞，讓孩子愛上做「麻煩的事」

同樣想想看，孩子早上換衣服為什麼很花時間呢？他明明就可以自己換好衣服，卻總是要媽媽三催四請：

「快點換衣服！」

「好啦！」

「換好了沒？」

「還～沒～」

像這樣一再拖拖拉拉，換衣服要花好幾分鐘。

「哎呀～你看！已經來不及了！」最後還是得由媽媽幫忙。

這也很可能是因為孩子想纏著媽媽，所以明明會做的事卻故意拖拖拉拉，或是他覺得「換衣服很麻煩」、「房間太冷，不想脫衣服」等。父母要避免在這些狀況被孩子誘導，就必須**製造「快點換好衣服，就會有好事發生」的條件。**

例如「七點四十五分以前換好衣服的話，早餐多一顆蘋果」，提示孩子早點換好衣服會有小小的獎賞。或是加入遊戲的感覺：

「和爸爸比賽，看誰先坐到餐桌前？」

「能在一首卡通歌播完前換好衣服嗎？」

讓孩子持續體會「早點換好衣服，就會有開心的事」，這樣即使是他原本覺得麻煩或討厭換衣服，也能養成自己做的好習慣。

與其責備孩子，不如這樣說！

「媽媽要先吃囉！開動！」
「三分鐘內換好衣服的話，早餐多給你一顆蘋果喔！」
「吃完飯後一起玩吧！」
「卡通歌播完前可以完成嗎？預備——開始！」
「再不過來的話，媽媽要吃掉你最喜歡的水果沙拉囉！」
「咦？沒辦法一起吃飯的話，布丁只好下次再吃了！」

「完成就有好事發生」、「不做就會失去特別的權利」這麼做的話，孩子的行為就會跟著改變。

◆認為「獎賞」等於「威脅」的父母，通常都太過溺愛小孩

以吃飯的例子來說，即使看到媽媽說：「媽媽要吃囉！我先開動了！」有些孩子仍然會試探媽媽：「人家還想要再玩嘛！」想拉長玩耍時間或是增加和媽媽的對話。這時候，媽媽再次提醒：「沒辦法一起說『開動了』，就吃不到布丁囉！」也是一個很好的方法。

布丁原本是孩子非常期待的飯後甜點，如果孩子因此吃不到布丁，就會了解「一定要聽媽媽的話才行」。**媽媽此時的說話方式可以溫柔又帶點幽默，但是「已經告訴過你了，如果不來吃飯就吃不到布丁」，堅定執行說過的話是很重要的關鍵。**

不過，很多媽媽會對這個做法感到遲疑：

「會不會使他變成一個不威脅利誘就做不到的孩子呢？」

的確，不威脅利誘就不行動的孩子當然不好。但是，布丁的例子中並沒有威脅孩子。認為是威脅的母親，通常都有順著孩子，被孩子牽著鼻子走的傾向。

◆孩子「說什麼都好」，長大後只會更任性

媽媽為了照顧孩子與家庭，每天總是有許多事要做，忙得分神乏術。要是孩子心情好就罷了，但是孩子也可能突然心情不好，莫名其妙地黏人、自己可以完成的事卻不願意做等，讓媽媽十分困擾。

媽媽從早忙到晚，要做飯、打掃、洗衣、購物，有些媽媽甚至是職業婦女，下班後還要帶孩子，幾乎沒有放鬆的時刻。

因此媽媽們只顧處理眼前的事也無可厚非，自然不可能想到自己正被孩子牽著鼻子走。但如果沒注意到這種狀況，總是順著孩子的意思，就跟搖擺不定的水母一樣。

父母若是「希望孩子聽話」、「希望孩子遵守嚴禁的事情」、「不需要一一指示也能自動自發」，那就必須恪守父母「教育的態度」。

不只觀察孩子的行為，也要留意爸媽自身的應對方式！了解這項行為的結果，會對孩子帶來了什麼好處，就能改變他的行為。為了達到這個目的，父母也要改變自己

過去的行為。

在孩子拖延不想做某件事的時候，不讓他得到「開心的結果」；而在孩子盡了自己的本分後，立即給他「開心的結果」，這樣就能使孩子養成好習慣。

02

想讓讓孩子遵守「嚴禁事項」，有什麼技巧呢？

口頭警告已經失效，請用「具體行動」教孩子

Q

不管說幾百次，孩子就是會在車上跳來跳去，怎麼教他才會改呢？

我的兒子五歲，每次跟他說，絕對不可以在捷運或公車座位跳上跳下，他還是照樣動不停。前幾天全家人搭火車出門旅行，明明已經約好「不要在座位跳上跳下」，結果火車才開沒多久，他又開始跳了。到底要怎麼罵他，他才會改過來呢？

A 如果孩子不遵守約定，不是舉黃牌就好，拿出「紅牌」吧！

請想像一下當天旅行的情況。孩子搭上最喜歡的火車、情緒亢奮，破壞了原本的約定。媽媽提醒他後暫時聽話了，但不久卻又重蹈覆轍，雖然媽媽一再提醒，孩子仍然在椅子上跳個不停。

孩子雖然稍稍惹得父母生氣，最後還是在列車裡吵吵鬧鬧地到達目的地，父母對孩子不聽話有點沮喪，卻自我安慰，認為只要每次都提醒他，孩子一定會改，下一次再教他「搭車絕對不可以蹦蹦跳跳」就好了。

是不是很多家長都是這樣呢？我們先假設這是A對策吧！以A對策因應的家長非常多，不過我發現有越來越多家長，改用下列這種方法。

◆日常生活中就要不斷練習「守約」

搭火車時孩子在座位上跳來跳去，假設火車剛出發沒多久，這時候可以提醒孩子：**「因為你沒有遵守約定，我們下一站就下車喔！」**但孩子仍然沒有聽話，所以在抵達下一個停靠站前，把行李整理好，帶著孩子到車門附近。這麼一來，孩子大概會號啕大哭吧！

孩子：「媽媽，對不起！」

媽媽：「你不會再這麼做了嗎？」

孩子：「不會了！」

媽媽：「真的？」

孩子：「嗯。」

確認孩子真的在反省時，父母就能繼續帶著孩子旅行。**以足球賽來比喻的話，這就像是舉黃牌明確警告對方的狀況。**我們將此方法稱為B對策吧！

若要問A和B哪一個應對方式比較好，大家應該覺得比起完全隨孩子心情的A對策，提醒孩子「如果沒遵守約定就下車喲！」而且真的把他帶到車門邊的B對策要好得多。

可是，**不管是A還是B，我都不贊成。因為不論是哪一種，從教育孩子的觀點來看，都是不夠完整，而且沒有效果的**。我建議的做法如下。

◆破壞重要約定時，拿出「紅牌警告」

火車出發十分鐘後，抵達下一站前，提醒孩子「如果沒有遵守我們說好的約定，就下車喲！」孩子若是沒聽話，爸媽就在下個停靠站前把行李收好，然後把孩子帶到車門附近。

和B對策不同的是，火車到達下一站時，爸媽就抓緊孩子的手，全家一起下車。

在孩子還很驚訝、搞不清楚狀況的時候，列車門就會關起來駛離月台。

此時孩子大概會以前所未有的驚人聲勢大哭，但是，不管他再怎麼哭都太遲了。父母只需對孩子說：**「啊！火車開走了！不過，既然你沒遵守約定，今天只好回家了！」**然後就直接搭回程的火車回家。

◆即便浪費了金錢，對「教養」來說都是值得的

沒有遵守重要約定，不要只舉黃牌警告，而是拿出一次就退場的紅牌——這是我建議的C對策。父母想實行C對策，會變得很辛苦。我所認識的父母中，能執行C對策的不到1%，因為有太多爸媽都不忍心看自己的孩子哭那麼慘。

為了孩子規劃的旅行，父母一定也很期待。可能很早就開始計劃，甚至預約了餐廳、旅館，準備開開心心地出門，結果才短短不到一小時行程就結束了，簡直就是浪費時間；甚至連預約餐廳、旅館的訂金也浪費了。

但是，如果從「教育孩子」的觀點來看，這件事絕對沒有白白浪費。

◆會聽話的孩子，是因為知道這件事「絕對不可以」

請父母想一想「說話分量」這個重點。

A對策幾乎沒有約束力對吧？父母被孩子耍得團團轉，沒有原則可言。

B對策雖然警告了孩子「要下車喲」，可是父母說的話其實也沒什麼分量。孩子稍微吃了一驚，但沒有學到任何教訓。

C對策的父母言行一致。同時，孩子可以學到十分寶貴的經驗：由於自己的行為，以致「喪失」原本期待的樂趣。

和第二章介紹「鬧彆扭的孩子」相同，藉著喪失經驗，讓孩子學會哪些事不能做、哪些時候應該忍耐。

父母下定決心「不能只有口頭警告就算了」，這樣便不會被孩子牽著鼻子走。最重要的是父母心中很清楚警告的原因，所以不需要擔心「孩子不被威脅，就什麼事都做不到」。

◆「口頭警告」不痛不癢，父母的話只會越來越沒分量

只有C對策才能把父母真正盼望的事、希望孩子做到的事，確實傳達給孩子。擔心這是「威脅」的話，對策B更接近威脅，而且，**被威脅也不會因而失去愉快的經驗，威脅不痛不癢，父母所說的話就會變得毫無分量。**

當孩子無法遵守約定時，就撤銷他玩樂的權利，讓他有這種深刻經驗後，將來不需要「威脅」，孩子便能學到自己行為招來的「慘痛後果」。而且，父母說的話會在孩子心中占有重要分量。

因為父母希望孩子能成長為遵守約定的孩子，所以用紅牌要他退場的方式，不管遇到任何狀況都能果決應對。更不需要苦思「會不會因而傷害孩子的心」、「別人會不會認為我是很過分的父母」等多餘的想法。

◆處罰過後，一定要給孩子「再次挑戰」的機會

發出紅牌後，盡早給孩子再次挑戰的機會，是更重要的事。如果以這個案例來說，就是再次搭火車出遊。

最好不要間隔太久，約莫幾個星期或兩、三個月最為適合。記得要和之前一樣，先跟孩子約定「不可以在車上跳來跳去」。

「孩子這次會聽話嗎？」

「該不會又要中途折返了吧？」

「這一次能照計劃順利旅行嗎？」

或許父母的內心會忐忑不安，不過，**這時不妨抱著期待的心情，看看「孩子經過上一次的事，究竟會有多少成長？」**

再次挑戰時，孩子便能感受到「因為遵守約定，這次過了非常快樂的一天！」此種滿足感，和之前破壞約定途中折返的經驗大不相同。

◆用嘴巴不停叮嚀，是一種「偷懶」的教養方式

度過愉快的一天後，父母要好好誇獎孩子遵守約定。不斷累積這類真實經驗（獲得及失去），是親子教育的最佳訓練。相較於只用嘴巴說「可以做、不能做」的教養，表面看起來很有耐心，實際上仍是「偷懶的教養方式」，不會有任何具體成效。

孩子不乖的時候，**正是讓他重視父母所說的話，以及教他遵守約定的大好機會。**也可以告訴他「遵守約定不做○○，那就買◇◇當生日禮物」。約好不能做的事，孩子還是做了，即使已經買好生日禮物，也要告訴他：「因為你不守約定，所以沒有禮物了喔！」然後把禮物丟了。

請爸媽不要覺得「特意買回來了，丟了豈不是可惜！」所以偷偷把禮物藏起來，等孩子反省後再給他，這是錯誤的做法！雖然有時這麼做比較好，但乾脆丟掉不給孩子，教育的效果會更好。如此才能讓孩子學到「破壞約定不會有好事」。

奧田老師，我有問題！

如何改掉孩子吃飯時「走來走去」的壞習慣？

先和孩子約定「吃飯時要坐好」。然後，如果孩子有特別愛吃的甜點，就告訴他：「要是不守約定就沒甜點喲！」

孩子如果仍和平時一樣走來走去，就警告他：

「你不回來坐好的話，等一下只有媽媽能吃甜點喲！」

孩子若是沒有馬上回餐桌坐好，就立刻把餐桌上的甜點收起來。

因為**吃飯是基本權利，不能隨意剝奪；甜點則是特殊權利，依照不同情況撤銷也沒關係。**關於這點，之後會再詳細說明。

03

我家孩子有個「牛脾氣」，愛哭又愛生氣？

你是否教出任性小霸王、小公主？

Q

孩子愛鬧脾氣，每次事情不順他的意，就用「哭」來抗議？

五歲兒子當全家要去外面吃飯時，爸爸決定「今天吃燒烤吧」，孩子就鬧脾氣說：「我要吃迴轉壽司！」然後一直哭得沒完沒了，簡直快煩死了。我要怎麼讓孩子接受不同的意見呢？

A 別盲目順從孩子！強迫他「一起來」，然後帶去餐廳

類似這個提問的狀況，只要事先阻擋，就不會發生孩子哭鬧的窘境。

「今天在外面吃飯吧！」許多家庭決定出外用餐的時候，父母會先問孩子：「想吃什麼？」讓孩子自由選擇，當父母和孩子意見不同時，父母便讓步：

「那就去小拓想吃的餐廳好了！」

「老公，孩子說想吃迴轉壽司，我們就吃迴轉壽司吧！」

優先考慮孩子意願的家庭應該很多吧。尤其某些母親會認為「爸爸平時都沒空陪孩子，偶爾出去吃就照孩子的願望吧！」當母親這麼說，父親便覺得「說的也是……」然後把自己的願望擱在一邊。

◆永遠「孩子優先」，對他的未來真的好嗎？

也有家長認為反正只是在外面吃個飯，只照大人的意見去做不夠成熟，讓孩子開開心心比較重要。可是，這種情況正是讓孩子學到寶貴經驗的好機會，因此我反而建議要選擇去父親決定的餐廳。

進一步了解這個諮商案例，才發現原來孩子也很喜歡吃烤肉。全家一起出外用餐是偶爾才有的活動，照理說不管去哪裡吃，孩子都會很開心。

就算孩子抱怨「我不想去吃燒烤，我要吃迴轉壽司！」爸媽只要告訴孩子：「迴轉壽司雖然好吃，但燒烤也很棒喲！我們一起去吧！」

然後不管孩子怎麼吵鬧，只要跟他說：「付錢的是爸爸，所以聽爸爸的意見。」強迫孩子一起去就可以了。**請把它當作「讓孩子服從父母」的練習**，正因為是小事，所以更是讓孩子學習忍耐的絕佳機會。當親子之間對外出用餐想法不同時，父母就可以想成「真幸運！能夠訓練孩子、獲得經驗學習的時機又來了！」

不過，總是會有家長質疑：

「不管孩子的意見，豈不是踐踏他的人權嗎？」「剝奪孩子自己決定的權利，難道不會教出自尊心低的孩子嗎？」

強迫孩子去做他不願意做的事，變成「踐踏孩子的人權」、對孩子不好；「孩子的主見」最重要；教養子女絕對不能傷害「孩子的自尊心」等等，這是社會上普遍的育兒觀念。許多教育工作者、學者，都以十分嚴肅的態度，說出上述的意見。但這完全是不切實際的理論派！

當然，在孩子完全同意的狀況下去做的事，更能使他成長。但孩子還小的時候，不可以每件事都徵求他的意見。**在孩子長大成人之前，一定要讓他經歷無數必須忍耐、服從、遵守約定的事項。**

◆別誇張到每件事都徵求孩子意見，如：拔牙齒

我曾經從牙醫那裡聽到一件事。

有個媽媽帶著小學低年級的孩子去醫院。醫生看到有一顆乳牙已經搖搖欲墜了，因此就說：「這顆牙可以拔掉了噢！」

聽到醫生這句話，媽媽立刻很嚴肅地說：

「等一下！我想先確認一下孩子現在是不是願意拔掉。」

那位醫生聽到這句話簡直目瞪口呆，重整一下心情後，他對媽媽說：

「現在不拔的話，牙齒會長得不整齊，趁早拔掉比較好。」

於是媽媽又說：「既然這樣，能不能麻煩醫生跟孩子說明一下。」

這位母親即便是為了使牙齒整齊而必須拔掉乳牙，都擔心孩子不喜歡，認為要尊重孩子的意見。那麼，**如果孩子不想接種預防疫苗，又該怎麼辦呢？這位母親的態度，等於是在「奉承討好孩子」。**

◆不要曲解「孩子的權利」，教出為所欲為的孩子

和以下情形類似的諮詢案例也很多。有個媽媽只要沒和小學一年級的孩子一起到學校，孩子就不願意進教室。偶爾孩子會自己進教室，但卻不願意進去。孩子哭著對媽媽說：「跟我一起到學校嘛！」、「媽媽一起來嘛！」看到孩子這樣，媽媽覺得很可憐，怎麼也放心不下。所以來找我商量如何讓孩子獨立一些。

「孩子離不開媽媽，該怎麼辦？」我只會回答：「那就請妳離開他。」

過去從來沒讓孩子哭、也不會讓孩子生氣的母親，無法做到這一點。上了小學，每天有段時間母子必須分開，但孩子卻怎麼樣也不想離開媽媽，造成媽媽手足無措。

如果是因為受到霸凌等其他原因就另當別論，可是孩子完全離不開媽媽，卻仍然認為「孩子哭得好傷心」、「不陪著他就太可憐了」，這樣會不會太抬高「孩子的自尊心」了呢？

我想還是有很多家長擔心，自己的教養方式是否侵犯了「孩子的權利」？甚至也有人認真地思考「這麼做算不算是虐待？」

◆社會太富裕，才給了孩子過多「選擇權」

過度重視「孩子的人權」、「孩子的主張」，大人也會變得很神經質。之所以會變成這樣，可能有兩個原因。

第一個原因，是社會太過富裕了。有些主張「唯富論」的人，也許會反駁「富裕有什麼不好？」、「應該有其他原因吧？」

不過，真的是因為物質方面，不管食物或玩具，都豐裕到任君挑選的程度，所以**孩子從小就被過多的選擇包圍，自由選擇喜愛的東西變得理所當然。**

以前一般家庭桌上只有酸酸的橘子可以吃，現在則是各種口味的果汁、碳酸飲料、茶、點心、冰淇淋等，可以挑選的食物數量大增。打開電視的頻道數量也和過去截然不同，有些家庭甚至買了好幾台電視。

現在的社會，因為任何事物都能有多重選擇變得理所當然，所以孩子也有選擇權利的想法也跟著大行其道。如果是貧困國家，就不可能出現此種現象。

◆「重視個性」並不等於「任何事孩子都能做決定」

第二個原因，是教育方面的誤導。

比方說，在繪畫等藝術相關的教室，老師一定會極力主張「重視孩子的個性」。為了使孩子的個性不受拘束地發展，讓孩子自由自在地畫想畫的東西，才是好的教育方式。

若是和藝術等與創造力相關的事物，這樣的想法並沒有錯。可是子女與父母的互動是截然不同的事，絕對不能混為一談。**「重視個性」這樣的用語對於父母造成非常大的影響，導致任何事都要讓孩子做選擇，在教育方式上「矯枉過正」了。**

◆偶爾讓孩子「沒有選擇權」

父母如何不被「孩子的權利」影響，教孩子學會忍耐呢？請想一想前面的案例。

當孩子說：「我想吃迴轉壽司！」，爸媽就故意說：「今天去吃燒烤！」**這是不順從孩子願望的訓練。不讓孩子有所選擇，也是非常重要的教養技巧**，正好可以利用全家出去用餐的機會來實踐。

每次出去吃飯的時候，孩子說：「我想吃迴轉壽司！」

爸媽就說：「今天去吃燒烤！」

改天孩子說：「去吃燒烤啦！」

爸媽可以說：「不，今天吃義大利麵！」

經常以父親的願望為優先，就能教孩子學會接受父親的提案。孩子有一天會開始自怨自艾「**反正你們又不會選我想去的店**」，推測他快要放棄的時候，就說：「今天由小拓決定好了」。

孩子一定會很驚訝，「咦？不會吧？由我決定沒關係嗎？」由於孩子一直在忍耐，所以當他說想去壽司店的提議得到接納時，一定會更加開心。說不定孩子反而會說：「我想去上次的燒烤店！」這樣父親也會很開心吧！一開始只會唱反調嚷著「不要！我只想吃壽司」的孩子，能有此轉變，就代表他成長了。

◆別讓孩子「有求必應」，他才能堅強、無畏地成長

日常生活中孩子有很多情況會做選擇。比方說，父子一起玩電動遊戲時，遇到彼此意見不同的狀況。

「我要玩甲遊戲。」

「爸爸想玩乙遊戲。」

「不要啦～甲比較好玩！」

這時候，父親不妨讓一下孩子，「好吧！那我們就玩甲遊戲吧！」

並不是所有事都不能讓孩子作主，不過，**一定有某些事，不能順著孩子的意思，偶爾外出吃飯或其他活動都沒關係，絕對要讓孩子學會「服從」**。

不同意的事情卻不得不服從，連大人也不喜歡。但是成人社會要經常接受不合理的要求，什麼都無法接受的話，只好經常換工作。適度提出要求，並適度接受他人的要求，才是在社會生存需要的多元溝通模式。

因此，不該去想如何讓孩子因不順心停止哭鬧，而該思考為了孩子的將來，如何讓他知道「並非凡事有求必應」。

04

為了打電動、玩遊戲，孩子無所不用其極？

別讓孩子賴皮「借十萬，還八萬」

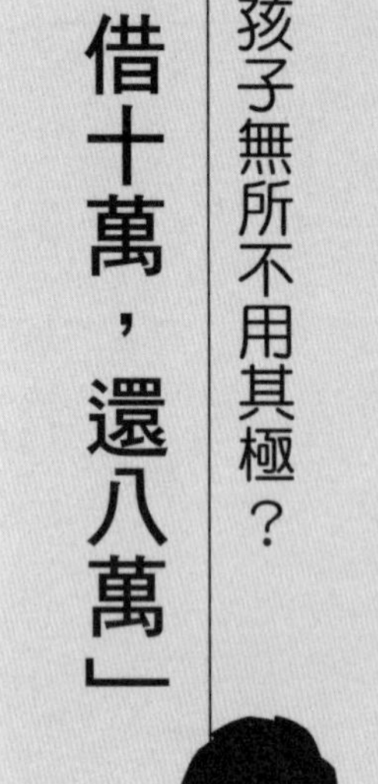

Q

孩子總是賴皮「預借」遊戲時間，如何讓他改掉壞習慣？

規定孩子打電玩的遊戲時間是一天一個小時，孩子卻老是說「媽媽拜託！先從明天的時間借十分鐘！」所以我會跟他說：「上次借了十分鐘，所以今天要扣掉喔！」但仍無法讓他改掉預借時間的習慣，所以每天打電玩都會超過規定的一小時。我該怎麼處理才好呢？他現在是讀小學一年級的男生。

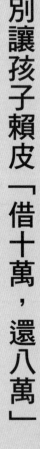

A 因為破壞約定，所以必須接受「一整天禁打電動」！

明明約定好「電玩時間一天一個小時」，孩子卻賴皮「預借時間」。因此父母就和孩子說好，隔天要先扣除之前預借的時間。乍看之下是非常妥當的應對方式，但這位母親犯了一個很大的錯誤。

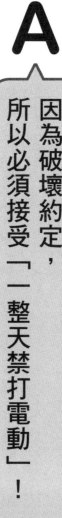

事前預借的時間，只要扣除就可以了嗎？

請把孩子向母親預借的時間，想成現實社會中的貸款來考量。如果在現實社會中跟別人借錢，當然要算利息對吧？不可能有白白借錢的好事，借十萬不可能只還十萬，如果沒有償還利息一再借錢的話，不久就會債台高築。

小孩破壞了「電玩時間一天一個小時」的規則，預借時間在隔天扣除的做法，就等於是告訴孩子：「借十萬元還十萬，是可以的。」

更過分的是，孩子甚至賴帳「雖然跟你借了十萬元，不過我只能還你八萬。」

事實不就是這樣嗎？以現實社會的例子來說明，大家都立刻明白「的確是這樣沒錯。」但是，如果單純以這個諮商問題為例，還是會有很多人不解「這位母親的應對方式哪裡錯了？」

◆家庭就是「小型社會」，違反規則要有處罰

把預借時間和實際的貸款畫上等號，再稍微思考一下吧！

假設有個人雖然每次借的金額很少，但因為一再借款，不知不覺累積到一千萬元。然後，這個人又打算要買房子。只是對於已經貸款一千萬的人，銀行當然不可能大大方方地立刻借他錢。

最後，這個人打算為債台高築的生活畫下句點，宣告破產。他所借的錢都不用償

還，但是在限定期間內無法持有信用卡，名下的轎車或房地產都必須抵押。

在社會上只要借錢，就必須償還。如果一直不還錢，會像滾雪球般讓利息越生越多。要是超過限度，必然會受到某些限制、剝奪自由。這就是現實世界的規則。

媽媽答應「預借時間」，就是無利息、無擔保借孩子錢，也沒有催繳的狀況。明知道孩子快陷入賴帳的問題，卻袖手旁觀，這不是一個盡責的父母該教給孩子的事。

◆除了「預借」部分，禁止一天玩遊戲吧！

如果我是那位媽媽，我會採取以下的方式：

「要是預借時間，就得禁止一天打電玩。」

換成玩電腦也是相同的狀況，如果打電玩或玩電腦變成常態，突然被禁用一定很痛苦，孩子可能會哭鬧、生氣、摔東西。但家長絕對不能因此動搖。孩子再怎麼失控、胡鬧，只要告訴他：「如果再吵的話，後天也不准玩。」

一整天不能打電玩，孩子一定會哭鬧！或許有人不喜歡讓孩子發脾氣，或是覺得剝奪他最愛做的事有點可憐。不過，**父母必須嚴守「電玩一天一小時」的規則。**

父母不能忘記最初的約定，即使孩子說「讓我預借～」、「以後我一定會遵守約定」，或是哭鬧、惱羞成怒、使用暴力，爸媽都不能被孩子的情緒干擾，忽略他「破壞規定」這件事。孩子「賴帳」的狀況一定得設法改善，讓他遵守規定，所以必須執行「一整天不能打電玩」的違規罰責。

◆打電動是「特權」不是「基本權利」，父母要視狀況剝奪

大人有權剝奪孩子的「特權」。「特權」和「孩子應有的權利」不同。以這個諮商問題為例，如果處罰孩子「不准吃晚飯」，將會造成很大的問題。

肚子餓了就要吃飯，這是人活著的基本權利。身體髒了就要洗，讓孩子好好地洗澡，也是基本權利。如果剝奪這些權利，被說成是「虐待」也無法反駁。

但是，打電玩、玩電腦，不是基本權利而是特別權利，也就是「特權」。孩子在基本權利被滿足之後，以休閒娛樂為目的，父母才買電玩或電腦給他。

不管孩子玩這些東西能夠得到多大的樂趣，沒得玩也不致於危害健康。父母有守護孩子基本權利的義務；**但是，沒有一定要讓孩子使用「特權」的義務。只要特權使孩子的生活失序，對教育有害，就可以視情況剝奪。**

現在有很多父母，是不是誤以為連這樣的特權都不可以剝奪呢？這是因為他們不小心把特權和「孩子的基本權利」混為一談的關係。正因為認知不清，才會產生許多教養的煩惱與疑惑。

◆在家守規矩的孩子，長大後也能遵守社會規範

足球賽中如果在同一場比賽中，拿到兩張黃牌警告，就會出示紅牌，必須立刻退場。球場上便形成十一人對十人的比賽，會對同隊的夥伴造成很大的困擾。

而且，一旦被出示紅牌驅出場外，下一場比賽還有停賽處分。萬一不服判決有侮辱裁判的發言，就會被視為違反運動員規範，加重處罰，可能連續幾場球賽都不能上場，最糟的狀況還有可能被球團開除。

駕照也是一樣的，小小違規雖然不會吊銷駕照，但一再違規，或有重大違規就會被吊銷駕照。以上的例子說明，在社會上若違反規則，就有一定要付出代價的懲罰。從小就讓孩子學習到這種經驗十分重要。

每次預借電玩時間，就有一整天無法打電玩，孩子為了不要喪失樂趣，一定會遵守這個規則。即使孩子鬧脾氣，規則就是規則，務必執行到底。父母這種教養方式，等於是在無形中告訴孩子：「就算你生氣，到頭來還是自己吃虧」。

在家不遵守規則的人，長大後就不可能成為一個遵守社會規範的人。

希望父母能時常捫心自問：「我現在這樣教孩子，他長大後出社會，會成為什麼樣的人呢？」

第 4 章

你能給孩子什麼樣的未來？

父母一定要建立的「未來願景」！

01

希望孩子長大後，是什麼樣子呢？

父母「不懂原諒」，使孩子說謊成性

Q

孩子一挨罵，就不斷說謊去圓另一個謊，真怕她變壞！

我的女兒今年五歲，她把故事書拿出來卻不收時，我要她：「好好收起來！」她明明沒收，卻對我說謊：「人家已經收了嘛！」也許是因為她不喜歡被罵，但是我很擔心她會不會從此養成說謊的習慣。

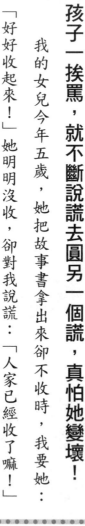

A

給孩子安全感，讓他發現——「老實道歉，就能得到原諒」

自己的孩子說謊，媽媽通常都會很驚訝，擔心孩子會不會養成說謊的習慣？煩惱當孩子說謊時，要如何導正他的行為？

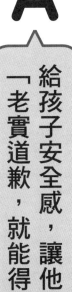

三歲的孩子吃掉弟弟的三明治，卻說：「我沒吃。」

媽媽：「那麼，是誰吃掉的？」

孩子嘴邊還留著麵包屑，卻指著自己椅子上的小熊圖案說：「是小熊吃掉的。」看到這樣的孩子，媽媽只會覺得「真可愛」通常不會為此發怒，也不致於真的感到煩惱。這種謊話在孩子成長過程中，可以視為他想像力發展的情況，不必過度驚慌。

但是當孩子成長超過某個年齡時，媽媽已經無法再以「真可愛」一笑置之，只會認為孩子在「推托」吧！實際上也是。不過，**孩子會產生「推托」的行為，是因為不想被媽媽罵**。為了極力避免被罵，孩子會不自覺地編造破綻百出的謊言。

◆擔心孩子說謊前，先描繪出「具體」的教養願景！

如果父母對孩子說謊嚴厲地譴責，他會因為不想被罵編造更多謊言。若是以證據更嚴格地逼問他，孩子便會為了湮沒證據，說更多謊，陷入捏造謊言的循環。

而且，孩子的說謊技巧將越來越熟練、越來越不容易識破，就算只是五歲的孩子，這方面的學習能力也和大人相同。**想導正孩子說謊的行為，就必須用「零打罵」的教養方式**。

以媽媽的提問為例，不能一開始就以責備的口吻指責孩子「好好收起來！」，而是開口喚她過來說：「故事書拿出來沒放回去呢！我們一起來收拾吧！」或是帶點幽默的口吻問孩子：「咦？放在這裡的故事書是誰的呢？」

這麼一來，孩子就沒必要編造推托的謊話。然後只要孩子開始動手收拾，就好好誇獎他。當然，若孩子能夠「坦白」、「誠實」是最好的。但是這需要父母給孩子絕對的安全感，讓他覺得「只要老實道歉，就可以得到原諒」。**好不容易鼓起勇氣道歉，父母卻只看結果而嚴厲斥責，會讓他覺得「誠實道歉根本沒好事」。**為了不讓孩子說謊成性，父母一定要謹慎以對。

◆父母習慣責罵，會讓孩子變成「說謊大王」

除了說謊之外，其他如「亂花零用錢」、「以不堪入耳的言詞罵朋友」等，令父母憂心的行為，必定會在孩子的成長過程中出現。

爸媽看到一點嚴重問題的端倪，多數人都會驚訝自己的兒女「竟然變成愛撒謊的孩子」，因而感到擔心。**這時候能否採取適當的應對手段，全取決於父母是否有具體的「教養願景」，能描述自己「想教出什麼樣的孩子」。**

提到教養願景，或許會令人覺得「太誇張了吧」，但我想在此仔細說明。以這個諮商問題為例，媽媽或許強烈希望「孩子能夠主動收拾」，但背後通常隱藏著「父母本位主義」的願望——希望孩子別給自己添麻煩、不要讓自己費心。

◆「模糊」的願景，無法確實導正孩子行為

希望孩子「別給自己添麻煩」、「不要讓自己費心」的想法，可以說是短視近利，為了自己方便而有的期望。說不上是為子女未來考量的願景。一旦把這樣的想法當作教養願景，**看到孩子房間髒亂，母親的處理方式就只有責罵。「眼前的願景」很難確實導正孩子的行為。**

然而，如果不是「能夠主動收拾的孩子」，而是「能確實把工作做好的孩子」，這樣的說法又會如何呢？「確實把工作做好的孩子」和剛剛那個「眼前的願景」相較之下，似乎視野更寬廣。不過，仍是曖昧且抽象的說法。

「『能確實把工作做好的孩子』究竟是什麼樣的孩子呢？」如果這麼問，父母也不知道怎麼回答吧？這種「模糊願景」可能會危害子女的未來。因為「能確實把工作做好的孩子」一點都不具體。

以這個問題為例，光是罵孩子**「為什麼不好好收拾」**，只會迫使他不得不說謊，最後成為「看不見美好未來的孩子」。

◆「具體描繪」希望孩子長大後的樣子

我期望媽媽思考的方向不是「能夠主動收拾」這種「眼前的願景」，也不是「能確實把工作做好的孩子」這種「模糊願景」，而是——**「上中學前，能夠成為自動自發收拾的孩子」，這種「具體願景」**。心中抱著這樣的期望，就不會責罵孩子：

「不是跟你說很多次：『要好好收拾嗎？』」

父母將懷著耐心思考：「就算今天還做不到，或許明天就能做到了。」

或是帶著幽默感，以遊戲的口吻對孩子說：

「跟媽媽比比看，誰收拾得比較快！」

換句話說，**不是只有把孩子的行為導正，也能改變爸媽一貫的行為模式。**

如果孩子根本沒收拾，卻撒謊已經收了，請父母以我說的方式應對，就不會使孩子藉故推托、說謊。注意不要讓他養成說謊的習慣，或是編一個謊去圓上一個謊，避免他一再磨鍊說謊的技巧。

人本來就是會說謊的，只是有人完全不會有罪惡感，有人則會感到苦惱。只有極少數的人覺得說謊很痛苦，因而選擇坦白說出事實。多數人就算懷著罪惡感或矛盾，想著「或許我這麼做是錯的」、「可能會傷害對方」，但仍選擇隱瞞。不給孩子說謊的機會，是教養的一大課題。

父母不能立下「只要用功唸書就好」這樣的「眼前願景」，也不是「想要栽培成聰明的孩子」的「模糊願景」，**應該是希望孩子「主動調查自己不懂的地方，能夠樂於學習」這樣的「具體願景」。**

◆「希望孩子體貼、用功唸書」是誤導孩子的錯誤願景

一份教養子女的問卷調查顯示，父母對於「希望教出什麼樣的孩子」最多的回答是「**希望他成為一個體貼的孩子**」，進一步問「那是什麼樣的孩子？」大部分的母親都為之語塞。不清楚「具體樣子」的人，**請模擬想像「孩子的具體行為就浮現在眼前」，記下心中所想的印象。**這樣應該就能描繪出更具體的行為：

「看到別人有困難，不會置之不理，會熱心地主動幫助他人。」

「成為可以照顧弟弟的哥哥。」

「懂得敬老尊賢的孩子，會主動讓座給年長者。」

爸媽經常想像孩子能做到這些行為，使心中的教育願景更具體化，是養育子女必做的功課。

想教出什麼樣的孩子，父母們能具體形容嗎？

比方說……
「看到旁人有困難會伸出援手。」
「成為能好好照顧妹妹的哥哥。」
「看到老年人一定會讓座。」
「願意把玩具借給朋友。」
「能夠朝氣十足向別人問好。」
「能夠坦誠道謝。」
「不說他人壞話，能發現他人優點。」

◆父母千萬別「愛成績」勝過「愛小孩」

為人父母不可能從容應對任何狀況，教師也一樣，誰都有無法適當應對，因而感到後悔的時刻。不過，只要擁有「具體願景」，當爸媽感到困惑、煩惱時，最後都能有所依歸。即使偶爾犯錯，「具體願景」也會成為修正指標，導正教養的方向。

而且，家長樹立的「具體願景」也會在不知不覺中傳達給孩子。如果孩子知道父母盼望「只要把書唸好就行了」，**他會認為「對爸媽來說，成績比我的想法還重要。」因而自怨自艾，當然很難變成開朗、人際關係良好的孩子。**

若是希望孩子「主動調查不懂的事，能樂於學習」，當孩子看電視聽到陌生的地名，就會養成和爸媽一起打開地圖查詢的家庭習慣。建立這樣的「具體願景」，母親自然會適時伸出援手、讚美孩子自動自發找答案的行為。生活中可能就會出現以下的對話：

「媽媽你看，集集在南投縣喔！」

「讓我看看，啊！真的呢！你竟然找得到！」

甚至還可以問孩子：「火車有到嗎？」

「嗯，火車有集集支線喔！」

「原來如此！我們下次一起去看看吧！」

「好！」

想營造這種氣氛需要父母用心！**不要老是叫孩子唸書，只要他從尋找解答的過程中發現樂趣，就再也不需要耳提面命叫他去讀書了。因為開心的事情不需要提醒也會自動去做。**

父母的「教養願景」是否成了責罵的理由呢？又或是「不要造成母親麻煩」的成人本位主義？請重新檢視你的「教養願景」，是否能啟發孩子的「喜好、樂趣」，使你有更多機會可以讚美孩子。

02 想激發孩子的幹勁，要做到哪些事？

「獎賞」不是「賄賂」，要分清楚！

Q 如何讓孩子「認真面對」每件事？用「禮物」誘導好嗎？

我的兒子今年八歲，他開始踢足球已經三年了。前幾天我對他說：「更認真練習的話，一定會比現在踢得更好喔！」他卻回說：「踢得不好也無所謂。」令我大受打擊。因為兒子仍想繼續踢足球，我希望他能更積極一點，於是就跟他約好「下次比賽如果有得分，我就買機器人模型給你。」像這樣用禮物來誘導孩子好嗎？

A

父母可以利用孩子「想要的東西」，引導他的行為、激發熱情！

父母當然可以運用孩子喜歡、有興趣的事物，適時引導他的行為、激發他的幹勁。有些教育學者認為：「這只是暫時的刺激，無法激發孩子真正的幹勁。」事實並非如此。

有位媽媽生下第二個孩子時，剛進小學的姊姊，開始不願意去安親班。尤其是暑假，媽媽因為育嬰假待在家裡，小姊姊每次都哭著說不要去安親班。她八成心想：**「媽媽明明在家，為什麼我不能和媽媽在一起？」**

雖然姊姊每天在安撫之下，好不容易願意去安親班，但媽媽為了照顧剛出生的嬰兒，已經忙得焦頭爛額。有時候會因此心煩氣躁，甚至和姊姊一起哭出來。

◆你知道孩子「現在熱衷」的事物嗎？

有一天，媽媽想了一個辦法。姊姊很喜歡收集小橡皮擦和貼紙，所以媽媽買了一堆回家，把這些東西分裝到小袋子，並加上編號，當作抽籤的獎品。**她在小紙片上標好數字，然後折起來放進箱子，讓姊姊「從安親班回家時，可以抽一個籤」**。

自從開始抽籤遊戲後，姊姊就不再抗拒去安親班。甚至因為去安親班很開心，所以每天回家也很有精神。

聽到這段話，我對媽媽說：「**做得好！一百分！**」這個做法的重點在於母親非常清楚「孩子現在最喜歡的是什麼」。橡皮擦和貼紙雖然只是十塊、二十塊的小東西，但對孩子卻有極大的魅力。如果不是經常觀察孩子，恐怕不容易發現。

在整個過程中，媽媽陪著自己一定讓姊姊更開心吧？原本姊姊很可能認為媽媽只照顧剛出生的小嬰兒，完全不關心她。即使只是短暫的時間，從安親班回家時，**媽媽會陪自己說話、關心自己，因為有這樣的喜悅，所以才能自動自發地改變行動。**

◆用條件「賄賂」孩子，是完全扣分的教養方法！

另一方面，有位母親為了拒絕上學的女兒，計劃親子一起參加三天兩夜的露營活動。但是女兒卻堅持不去，最後甚至發脾氣：

「我才不去參加這什麼鬼活動！」

這個孩子因為生氣暴走的行為增加，媽媽認為不能再這麼下去，所以才想邀女兒一起參加露營。面對發脾氣失控的女兒，媽媽和她約定：「要是一起去的話，我就買妳想要的漫畫給妳喔！」

在孩子發脾氣時，**承諾買給孩子喜歡的東西，這個做法與其說是「利誘」，倒不如說是更接近「賄賂」的交換條件。這種做法要扣一百分！**雖然乍看和前述運用抽籤拿小獎品的媽媽做法相近，其實完全不同。

前面說的那個母親，期待孩子能帶著愉快的心情去安親班。因為抱著這種想法，所以在孩子回家時，讓她抽籤。孩子心想：「這是什麼？」抽完籤讓媽媽看過號碼後，媽媽把符合號碼的橡皮擦和貼紙交給孩子。

但拒絕上學的孩子，媽媽的做法完全不是這麼回事。孩子大發脾氣，怒吼著說：「我不要去！」媽媽提出買漫畫的建議。這麼一來，**孩子學到的是「只要生氣，就可以交換到有利條件」**。這樣她以後只要有什麼事不高興，就會立刻抱怨、口出惡言，甚至訴諸暴力。讓孩子主導局面，就可能變成這樣。

◆先勾起孩子興趣、再做溝通，別直接「利益交換」

反正都要「利誘上鈎」，不妨試試以下的方法。首先，當孩子口出惡言時，先停止和孩子討論。最後都可能被拒絕，不如在邀孩子去露營之前，先進行下面的對話。

「媽媽覺得妳一直很想要的那套漫畫，差不多可以買給妳了。」先用「餌」勾起她的興趣，孩子可能會有點開心：「咦？為什麼？」

然後告訴孩子：「妳不要發脾氣聽我說，我雖然想買那套漫畫給妳，不過媽媽還有個想法，希望暑假妳能跟我一起去參加三天兩夜的露營活動。」

若是孩子表現出厭惡的反應「什麼？我才不想去什麼露營！」

這時候再說：「這樣啊，那套漫畫也沒辦法買了呢！真可惜！」

這麼乾脆地把「餌」收回，孩子內心會感到掙扎：「雖然不想去露營，但是只要忍耐個三天兩夜，就可以得到漫畫了，還是去比較好……」

◆巧妙運用「誘餌」，改變孩子的失控行為

孩子即使是為了漫畫才心不甘情不願地去露營也沒關係，只要她「願意去」就可以了。只要跨出這一步，說不定孩子也會覺得：「沒想到還滿好玩的嘛！」這樣就算有收穫了。這麼一來，冬天邀孩子：「要不要去一個星期的露營活動？」她的態度可能會軟化。

漫畫不但能確實改變孩子原本的行為，巧妙運用還能像這樣減少她的失控行為。因為孩子很清楚：行為失控對自己不會有好處。

簡單地說，由父母主導的教養方式，才是成功的秘訣。不少教育人士對「孩子主導」、「大人主導」的詞彙覺得反感。可是仔細思考的話，對孩子當下的行為給予動機，並加以妥善運用，是非常尊重孩子的做法。

◆用「外在動機」點燃孩子的「內在幹勁」

關於踢足球的諮詢問題，因為孩子同樣也有想要的東西，只要擅加運用就可以了。小小的橡皮擦、漫畫、機器人模型等，都算是「利誘」，在心理學上稱作「外在動機」。**孩子剛開始投入一項新事物時，可以運用外在動機引導。**

但是，181頁中的諮詢問題中，媽媽要孩子在球賽中得分並非目的，而是煩惱著如何提高孩子對足球的熱情。

確實有很多家長煩惱「**總覺得我的孩子沒什麼幹勁**」。問題中的母親也對孩子表示「**踢不好也沒關係**」，感到深受打擊。媽媽一定很擔心如果現在對足球這樣，萬一以後對其他事情都是這個態度該怎麼辦。

不過，老是煩惱「孩子好像沒什麼幹勁」、「對什麼事都提不起勁該怎麼辦」，無法解決任何問題。所以剛開始就要好好運用外在動機，而且依照第一章的說明，不使用「鞭子」。如果是為了避免受責罵才行動，學習一定效果不彰。

父母想運用「利誘」的手段，一定要仔細觀察孩子的行為，才能確實掌握拋出釣線的時機及釣餌的量。孩子對於父母是否關注自己十分敏感，所以爸媽關切的態度也能提高孩子的內在動機。

◆當孩子畏縮不前時，「重複練習」能讓他找回自信

八歲差不多也是能夠自己發掘足球樂趣及喜悅的年紀。不久前，我碰見有著同樣煩惱的媽媽，她說：

「不知道是不是個性的關係，孩子練球時經常畏縮不前。」

詳細詢問孩子練球時的行為，才知道原來孩子明明可以在禁區內射門，卻總是把球傳給同伴。儘管媽媽和教練都在一旁大聲鼓勵他：「沒得分也沒關係，射門！射門！」但最後還是只有大人在乾著急，情況毫無改變。

因此我請孩子只要專心練習在禁區射門就好了。讓他在球門前，練習用各種方式運球，重複練習到以什麼方式射門都沒問題。雖然偶爾有沒踢進的時候，但幾乎是只要腳能踢到球就能得分。

讓孩子對著球門練習射門，目的在於讓他用身體記住把球踢進球門的快感。當然，孩子也會接收到持續不斷的誇獎。**偶爾沒踢中時什麼都不要說，只要孩子運球將**

球踢進就加以誇獎。

媽媽似乎也察覺到，孩子過去練習從來不曾這麼快樂過。雖然媽媽希望乘勝追擊，從禁區外的運球開始練習，但當天還是僅限於在禁區射門，讓孩子很愉快地結束練習。

◆培養孩子「好還要更好」的學習態度

透過這種練習，可以使孩子幹勁十足，想著「希望下次比賽能夠射門」、「我要多練習最擅長的盤球，自己能把球帶到禁區。」

不是為了得到模型或是旁人誇獎，而是能真正感受到足球本身的樂趣，這就是「內在動機」。**教養子女的最終目的當然是「提高內在動機」，不是教出一個口令一個動作，或是用禮物利誘才行動的孩子，而是「自動自發的孩子」。**

一位有名的小提琴家，小時候在父母的建議下開始學習小提琴。剛開始學小提琴時，由於父母的讚美感到十分開心，因此很認真練習。到了小學時，為了引起同班女生的注意投入練習，升上國中、高中，也都是想以小提琴受到歡迎，而拼命練習。

剛開始學小提琴時，可能是被小提琴以外的事物激發動機，**但在不斷練習的過程中，將會對演奏本身感受到喜悅。**想要從自己的演奏中覺得「心情舒暢」，需要花費一些時間不是嗎？小時候沒辦法像老師一樣拉出優美的音色，所以需要外在的支持與動機。

不知不覺中，他產生了「想再拉得更好」的想法，自然而然增加練習時間，開始經常自得其樂地讚美自己：「**讚！今天練得真痛快！**」、「**今天的小提琴拉得真不錯！**」根本不需要母親嘮叨：「**快去練習！**」

雖然在音樂會或比賽時，沐浴在喝采聲中感到很開心，但也會自發性地產生追求技巧、更上一層樓的渴望，慢慢走出職業小提琴家的道路。

◆別「一廂情願」地要求孩子，讓他選擇真心喜歡的事物

一流的運動選手鈴木一朗，也有同樣的狀況。鈴木一朗剛開始也是為了得到父親的誇獎及鼓勵。但是，一定也會在某個階段，內在動機變得更為強烈，超越了外在動機，像是享受揮棒之後，球在眼前飛出的暢快感。

引導孩子行為時，利用外在動機雖然很有效，但也要仔細思考，如何讓孩子體會到活動本身的愉悅。若只是父母一廂情願地要求孩子做什麼，那件事就只有外在動機的喜悅了。

但是，認為內在動機才具有價值，所以不需要「利誘」的思維也不正確。這種想法立刻又會落入「做也只是理所當然」、「應該要從學習本身體驗到樂趣」的刻板印象。正確來說，是運用「利誘」也沒關係，不過一定要注意方法是否得宜。

奧田老師，我有問題！

當孩子說媽媽是「小氣鬼」時，該怎麼應對？

父母必須費心去衡量孩子究竟有多想要那個獎賞。例如上文說的整套漫畫，雖然是整套的商品，但其實是五本漫畫組合而成的商品。所以可以把這個禮物拆成六部分，第一集到第五集，以及集結成一套的外包裝盒。

當小孩說：「我想要整套漫畫。」

媽媽回答：「好，我知道了。」

之後，當孩子遵守約定時，就把漫畫當獎賞給孩子。這時，假設媽媽拿了第一集給小孩，如果他發脾氣說：「什麼？不是全部嗎？小氣鬼！」

媽媽可以連第一集都不給，「既然你說媽媽是小氣鬼，這一集也不給你了。」

◆孩子想要什麼，父母不一定得「照著做」

這時候，要是孩子真的非常想要這套漫畫，可能會吵著說：

「**媽媽不是小氣鬼！對不起！我說錯了！**」

如果孩子根本沒有太大的反應，就表示他不是真的那麼想要這個東西。採取「利誘」的做法，並不是孩子說什麼都順著他，即使是把獎品交給孩子的方式，從頭到尾都應該由父母來主導。沒有必要因為孩子說：「**全部給我！**」就照著做。

雖然講起來好像很嚴格，但能孩子產生「**再繼續努力，趕快得到第二集！**」的想法，在教養上可說是適宜的做法。

03 和孩子一起面對危機，別碎碎念！

別隨孩子的情緒起舞，父母要有自己的「原則」！

Q

孩子突然表示「不想上學」，我該相信嗎？

我家的兒子現在九歲。有一天早上，他一直窩在被子裡不出來，對我說：「今天不想去學校。」以前只要他說「肚子痛」、「好想吐」等，因為擔心都會讓他請假。後來，他不去學校待在家裡的狀況日漸增多了，而且都是突如其來的狀況，我不知道怎麼處理才好？

A

從「3大重點」，找出孩子不想上學的原因

孩子經常磨磨蹭蹭表示「不要去學校」，表現出「去學校一點都沒有樂趣」，為此前來諮商的母親很多。當然，從「裝病不上學」最後演變成「拒絕上學」的情況也相當常見。已經變成長期拒絕上學，整天關在家裡足不出戶的案例，亦不在少數。孩子剛開始裝病不上學時，兒童精神科或身心科、諮商師等專家會建議：

「既然孩子想休息，就讓他暫時休息可能比較好。」

「或許目前正是他需要充電的時候。」

但是，孩子並非電力不足的手機，沒有任何證據顯示，孩子只要暫時不去上學，有一天就可以自然恢復精神，重新又想上學。手機至少會顯示充電時間，只要按照時間充好電就能使用。**孩子的情況卻大不相同，如果父母因為醫師的安撫而放任孩子，可能會導致難以收拾的後果。**

◆從3方面判斷，別一口咬定孩子說謊

當孩子不想上學時，父母該以什麼樣的態度應對呢？當孩子告訴你「我不想去學校」，父母請先想一想，其中一定有什麼原因。

有些父母會極為不安，認為「是不是在學校受到霸凌」；有些父母則相反，一口咬定孩子「單純想在家偷懶」。不知道真正的原因就無法解決問題，所以必須冷靜探討，為什麼孩子會說「我不想去學校」。

具體應該怎麼做呢？**第一步是仔細觀察不去學校的孩子，在家是怎麼度過的？**孩子說「不想去學校」時，可以透過三個重點來分析及應對，一一說明如下。

分析重點1 觀察孩子「在家裡都做什麼」？

第一個重點，**孩子在家是否得到更多的「快樂經驗」？**沒去學校的一整天，幾乎都在看電視，或是有兄弟姊妹的孩子，可以獨占原本要輪流使用的電視遊樂器，盡情

隨意地玩。對孩子而言，家裡（或是自己的房間）完全變成遊樂場，是第一種不想去學校的動機。

說不定是孩子之前偶然感冒在家休息，第二天身體狀況較好，所以媽媽也出門上班，一個人在家整天盡情打電玩的快樂經驗，讓他非常難忘。說得難聽一點，就是「食髓知味」。

◆孩子是否說謊，注意他的「活動狀況」就能明瞭

如果以前言說明過的「天秤法則」來看，就是在家「開心的事情」比在學校多，天秤傾斜往「想待在家」的狀態。不過，孩子若是直接表示「想待在家裡打電動，**所以不去學校**」，媽媽當然不可能一口答應。因此孩子才會捏造一些理由說「老師好可怕」、「肚子好痛」等，以便在家休息。

這種情況下，**最重要的並非那些不想上學的理由，而該仔細觀察孩子在家中的狀**

況。這時最忌諱被孩子所說的話牽著鼻子走。

當孩子說：「老師好可怕！」

媽媽不能立刻就激動地說：「怎麼回事？我立刻去找校長，要他換導師！」

應當冷靜地問問孩子：「發生什麼事了？」

若是決定讓孩子在家休息的話，就好好觀察他在家中的活動狀況。

分析重點2 觀察孩子是否想被「注意」，不夠獨立？

第二個分析重點，**孩子是否在家得到較多「關注」**？「想要被關注」就是希望他人為自己擔心、能更注意自己。這不只限於希望獲得讚美、受到認同，即使是被罵、被叨念也是一種引起注意的方式。

如果是平日早上和媽媽的對話，只有簡短的「我出門了」、「路上小心」。但要是對媽媽說「我不想去學校」，媽媽一定會追問「為什麼？」

媽媽：「為什麼不去上學？」

孩子：「因為老師好可怕。」

媽媽：「胡說八道！快去學校！」

孩子：「我不要！」

媽媽：「為什麼不去？」

孩子：「我就是不想去！」

或許媽媽會帶著擔心或責備語氣，但這麼一來一往間就增加了與媽媽的對話。

132頁中也曾經提到，**這樣的交談對孩子來說是「一大收穫」**。即使孩子因此被媽媽罵哭，但只要繼續做讓媽媽困擾的行為，媽媽的責備對孩子來說仍是「喜愛的結果」。

第二項「為了得到關注」的狀況，假設媽媽是家庭主婦，典型的狀況是：孩子在家時會一直纏著媽媽、跟媽媽說話，要是媽媽說：「我出去買個東西回來。」**原本早上說「肚子好痛」的孩子，這時卻問媽媽：「我也可以一起去嗎？」總之就是想和**

媽媽共同行動。

雖然媽媽心裡覺得不對勁，但因為想起心理諮商師說過「孩子拒絕上學有很多原因，所以要多和孩子互動，親密的接觸非常重要！」

◆重視孩子說的「每一句話」，只會被愚弄

於是便對孩子說：「那就一起去吧！」結果變成孩子說什麼都順著他。如果每天都這樣，一定會覺得太離譜了吧？換句話說，這就是「拒絕上學」。

如果是有兄弟姊妹的家庭，不去學校的日子，可以一個人獨占媽媽「不去學校，可以不受干擾地和媽媽在一起」。如果照心理諮商師說的，媽媽總是接納「想得到注意」的孩子，便會導致「兄弟姊妹，全部拒絕上學」的結果。

這種狀況的處理原則和第一項的「快樂經驗」一樣，孩子說的理由並不重要。**但若聽從專家所言「必須重視孩子說的任何一句話」，那只會被孩子愚弄，無法察覺他**

真正的動機。總之，當孩子在家休息時，仔細觀察他的行為，就可以發現他真正想待在家裡的理由。

分析重點3 認真想一想，孩子「想逃避什麼」？

第三項重點，請確認是否和「遠離或逃避」有關。了解孩子是否有想遠離或逃避的事物。如果孩子拒絕上學是出於這項原因，那即使硬把他帶到學校，他也會在門口徘徊不前，或是越靠近學校越害怕，甚至發抖。

又或是好不容易到了學校，卻不願意走進校門。這種情況下，孩子很可能是受到霸凌，或是有什麼演出、課業上的壓力大到他不願意出席。這時候父母務必要冷靜觀察孩子的行為。

當然，**有些孩子會裝作害怕去學校的樣子，實際不想上學的動機是因為「快樂經驗」、「希望被關注」，卻偽裝成害怕去學校。**要看穿這一點並不容易，若是基於

「遠離或逃避」的動機不上學，限制孩子休息在家的活動就能輕易判斷了。

「我知道了。那麼，今天就在家裡休息。不過，不可以看電視、打電動、看漫畫等，這些在學校不能做的事，在家也不行喔！而且要在房間讀書。如果做得到的話，媽媽就答應你在家休息。」

◆發現孩子確實被霸凌時，父母要冷靜應對

假設孩子聽了之後，因而鬆了一口氣，在家休息並遵守約定。即使對孩子說：「下午三點以前都不能黏著媽媽，要待在自己的房間。而且房門要打開喔！」看看孩子是不是能老實答應。如果這麼說他也答應，那孩子基於「遠離或逃避」的動機而不上學的可能性非常高。

在此情況下，**如果孩子告訴你「我很怕老師」、「被朋友欺負」的真實性非常高，應當立即和校方談一談，了解情況，並且盡可能保持冷靜。**即使孩子說：「爸爸

媽媽不要去學校。」也必須在當天放學後，帶著孩子到學校。

孩子若說「**如果爸爸媽媽去學校，我一定會被欺負得更慘**」，也絕對不能妥協。孩子多半認為「霸凌是不可能停止的」，倘若是此類惡劣的霸凌行為，就更需要家長從旁協助，完全根絕才行。

◆仔細觀察孩子不去學校（幼稚園）時，在家是怎麼度過的？

前文列出的三種動機，都可能相互糾結。這時就無法判斷出孩子只是單純想待在家裡打電動，或只是想引起媽媽注意。而且，有時雖然不是在學校被欺負，也有可能是和同學發生爭吵，以致不想去學校。

如果爸媽完全相信孩子說的理由，沒有觀察他的行動就感情用事，就無法了解真正的原因。**務必要好好觀察孩子的行動，當心中有數「真正的原因應該是這個」，再對症下藥，思考如何因應。**

當孩子表示不想去學校或幼稚園時，其中一定有原因

play

家裡變成遊樂場

妳不是說身體不舒服？不要緊嗎？
嗯。我已經好多了。

想得到媽媽關心

又會被欺負……

想逃避討厭的事物

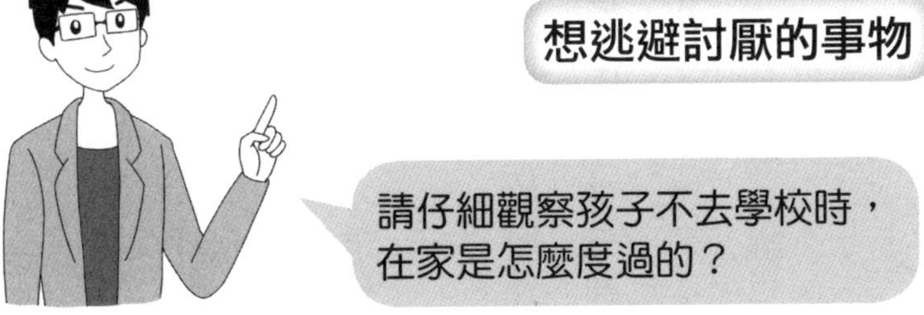
請仔細觀察孩子不去學校時，
在家是怎麼度過的？

◆別感情用事，重要時刻務必以「孩子優先」

如果是「快樂經驗」的動機，可以把電玩或漫畫當作孩子好好上學或幫忙做家事的獎賞；若是「想引起關注」的孩子，則和孩子約定全勤不遲到時，可以在週末和媽媽一起出去吃飯、逛街，但孩子如果遲到或缺席、沒有達到目標時，就不能享有這樣的樂趣（特權）。這就是第一章提過的「給糖或不給糖」。**對於行為的結果，一定要確實獎賞。**

第195頁的提問中，也有可能是「遠離或逃避」，如果遇到這種狀況，絕對要謹慎思考如何應對。不只是「遠離或逃避」的原因，父母只要決定讓孩子休假，當天就「奉陪孩子」到底吧！最好不要只是媽媽在家陪伴，父親也要傳達給孩子：「**沒辦法去學校令我很擔心，所以爸爸會陪你，直到能去上學為止。**」即使有重要會議也要向公司請假。

◆停止扮演「工作優先」的父母

希望父親能慎重看待孩子「拒絕上學」的傾向，給孩子無限的安心感：「如果有什麼理由沒辦法去學校，一定要立刻解決」、「爸爸不可能丟下你去公司」。

這時候若父親只丟下一句「快去學校」就去上班，母親也只交代孩子「一個人乖乖看家」就出門，這樣的因應方式形同「擱置不理」，風險相當高。

因此，就算孩子說「爸爸媽媽不需要請假，你們去上班沒關係」，也絕不能照做。同時，我也不建議父母說「那麼，我找奶奶來陪你」，把孩子交給祖父母。父母必須抱著「就算被開除，也不能放任孩子拒絕上學」的決心處理這件事。

停止扮演「工作優先的父母」，把「我們真的很重視你」的態度，確實傳達給孩子，他便能向父母說出真心話。然而，若是父母只有口頭上說「我們真的很重視你」，實際上卻又說不想請假，要孩子一個人看家。長期下來，孩子也很難對父母說出真心話，以後也會有樣學樣，面不改色地欺騙父母。

◆平時要常對孩子說：「有困難隨時都可以跟爸媽說喔！」

不管是多認真教養子女的父母，什麼時候會面臨什麼樣的問題，都無法預期。**不過，父母現在仍然有可以做的事，那就是「未雨綢繆」。**

像天災一樣。雖然不知道災害什麼時候來臨，但是可以做好某個程度的防災工作。教養子女也相同，希望爸媽平時就預先做好下列準備。趁孩子還小的時候，從他上幼稚園開始，就對孩子說：

「如果有一天你覺得非常難過，難過到不想去幼稚園的時候，你可以告訴媽媽，媽媽一定會聽你說。」

「如果遇到那種情況，爸爸媽媽都會在家陪你，聽你說喲！」

教養也需要像防災或保險般，為了不可預期的突發狀況做準備，趁孩子還小沒有什麼太嚴重的問題時，防患於未然。

◆讓孩子學會「有話就說」，降低「懼學症」的機率

「萬一你發生了什麼事，爸爸媽媽會拋開一切，先聽聽你怎麼說。」平時就對孩子這麼說，是教養的保險，也是不能忽視的重點。如果等到孩子訴說他的痛苦時，可能為時已晚。在孩子傾訴他的痛苦以前，先「買好保險」，萬一他面臨危機，就能成為及早解決的關鍵。

只說一次、兩次可能不夠，必須從孩子還小的時候，就時常和孩子談話，讓他深烙在腦海中。

四歲左右的孩子，如果爸媽平時都這樣對他說，那孩子上小學後，當他感到不想上學時，一聲不吭就不去學校的可能性會降低。因為到了這個年齡時，孩子已經很清楚如果有討厭的事情，爸媽願意聽自己傾訴。

◆別用「敷衍教養」帶孩子，才能確實解決問題

相反的，如果父母平時常以「**媽媽現在很忙，等一下**」、「**不要老是抱怨，總之要多加油**」、「**再忍耐一下**」等回應敷衍孩子，或許孩子當場會保持沉默，但這是出於失望，才保持沉默。到了青春期之後，孩子自然會嫌父母囉唆，所以最好趁他年幼時，讓他累積經驗，認為「**萬一發生什麼事，爸媽一定會聽我說！**」

只要平時願意多和孩子對話，父母的真心必定能夠傳達給孩子。從發生問題之前，就不斷告訴孩子「**有我在，你可以安心**」，這樣就不會打斷和孩子溝通的管道。這是親子為了共同跨越成長難關的預防對策，所以說是「保險」。

不僅是「拒絕上學」的問題，遇到孩子「和好朋友吵架」、「在學校交不到朋友」、「同學被欺負，卻沒有人想要幫助他」等教養難題時，都可以像事先打了預防針一樣，能讓這些問題迎刃而解。

可能很多父母看到書中某些教養的問題會大吃一驚：

「啊～我也犯了相同的錯誤……」

但只要實踐我提議的方法，日常生活中的許多事情，一定會有所改變。在教養中父母什麼都不改，只要求孩子改變的想法，根本是天方夜譚。父母改變一貫的做法後，孩子的行為才能跟著改變。例如，像下面這樣：

◆知道父母是「開心的」，孩子的學習意願也會提高

教養子女的過程中有許多讚美孩子的機會，各位應該都很明白了。不用罵孩子，他的行為也能逐漸變好，想必各位也體會到了。

過去從不聽話的孩子，如今卻能自動自發，他心中一定多少產生了自信。像這樣「能做到」、「做到了」的體驗，孩子曾經歷過一次或完全沒經歷過，教養的結果將南轅北轍。

體驗「能做到、做到了」的重要性，不僅是孩子，對於父母也是必要的。讀完本書的父母親，應當比過去更仔細地觀察孩子。教養孩子想必也會更從容，減少對未來的不安或焦慮。這麼一來，改變最大的就是爸爸、媽媽了。孩子一定會察覺——

「（媽媽的笑容）**真好！**」

「（都沒有挨罵）**好開心！**」

當孩子感受到母親這樣的變化，自然而然就會更常展露笑臉。做事的幹勁及學習意願也會源源不絕。看到孩子這樣的改變，母親就會更常笑容滿面，形成育兒的良好循環。

◆別光說不練，用「實際行動」打造孩子的生命力

本書所列出的問題，都是我在諮商工作時經常遇到的子女教養問題、媽媽平時的煩惱：

「雖然希望孩子這麼做，但卻總是無法照自己期望走。」

「要是一直這麼下去，壞習慣都改不掉該怎麼辦？」

打個比方來說，孩子就像一棵樹伸展出來的樹枝前端，長滿了葉片。大家也許認

為一片葉子無足輕重。但當一片葉子接受充足的陽光，吸收足夠的養分，就能使樹枝上的其他葉片精神飽滿。

而且，只要每一片葉子都能生氣十足，整棵樹就能充滿活力，樹幹漸漸變得更粗、更茁壯。**爸媽只在腦子裡想東想西卻毫無行動，就像是葉子沒有接受到陽光。這樣不管父母或是子女，都無法充滿生命力吧！**

即使最初從一片葉子開始也沒關係！爸媽不妨選一個最在意的孩子行為，開始改變做法吧，訂立一個馬上能達成目標。從現在開始做起！

謝謝你幫
媽媽拿！
開心！
成就感！

後記

教孩子，真的可以很快樂！

我專攻「行為應用分析學」，不過在本書中避免使用過多專業術語，而是用一般父母容易理解的詞彙說明。上電視訪談，或是舉辦講習時也是如此。

寫作本書時，出版社也提出許多有關教養的問題，如果要一一針對這些問題回答寫成一本書，可能會變成教育諮商及個案研究的專書，所以最後我和編輯挑選了教養子女最困擾的問題，另再增加一些「應用問題」補充說明。

我在其他著作中也說過，問題解決的方法不是只有一個正確答案。「在『□＋□＝10』的算式中，□的數字可以自由填寫，但是加起來必須等於10」，是一種開放性的思考。

因此，本書也只介紹幾個回答的例子，絕對不是要求讀者「務必一字一句照單全收」，而是希望讀者以開放思考的方式來閱讀，「啊！原來有這種方式！」、「確實這一點也是必要的」。

但是，錯誤的做法卻很明確。以算式說明就是「□裡面可以自由填進數字，但是『2＋7＝10』是錯的，還少了1！」

◆教養不用「生悶氣」，多嘗試找出最佳的親子相處之道

教養子女是一場戰鬥，我所做的教養支援也是戰鬥。因此，在全力以赴的過程中當然會出現種種情緒。也許容易情緒化、因為忙碌而妥協，但我們都是人嘛！這是正常的人性。因此，只要隨遇而安就好了。

「隨遇而安」並非妥協的意思。而是一再嘗試、一再失敗，但是在失敗中仍不斷

地嘗試，然後才得出「隨遇而安就好」、「照這樣子繼續努力」的結論。

我很喜歡天真的孩子，沒想到自己會以這麼單純的工作為目標。不過，我完全灌注了自己的生命，有時因為和別人所說的理論不同，所以要自己到處奮戰，最後才生存下來。

和目標相反時，我不會妥協而是繼續奮戰，也是為了「奮戰」才寫了本書。能夠和大家分享這麼單純的目的，我感到非常開心。寫作本書的時候，大和書房的長谷部智惠以編輯及父母的立場，給了我許多寶貴的意見。多虧她的協助，使本書能在一年內完成，在此由衷感謝。

奧田健次

親子田　親子田系列005

「不打、不罵、不動氣」的優雅教養術

最懂孩子的「育兒黑傑克」傳授「20招快樂教養術」

吡りゼロで「自分からやる子」に育てる本

作　　者	奧田健次
譯　　者	卓惠娟
出版發行	采實文化事業有限公司 116台北市文山區羅斯福路五段158號7樓 電話：（02）2932-6098 傳真：（02）2932-6097
電子信箱	acme@acmebook.com.tw
采實官網	http://www.acmestore.com.tw/
采實文化粉絲團	http://www.facebook.com/acmebook

總 編 輯	吳翠萍
主　　編	陳鳳如
執行編輯	洪曉萍
日文編輯	王琦柔
業務經理	張純鐘
業務專員	李韶婉・邱清暉・賴思蘋
行銷組長	蔡靜恩
行政會計	江芝芸・陳姵如
美術設計	張天薪
內頁插畫	俞家燕
內文排版	菩薩蠻數位文化有限公司
製版・印刷・裝訂	中茂・明和
法律顧問	第一國際法律事務所 余淑杏律師

I S B N	978-986-6228-83-4
定　　價	280元
初版一刷	2013年9月27日
劃撥帳號	50148859
劃撥戶名	采實文化事業有限公司

國家圖書館出版品預行編目資料

「不打、不罵、不動氣」的優雅教養術：最懂孩子的「育兒黑傑克」傳授「20招快樂教養術」／奧田健次原作. - -初版. - -臺北市：采實文化, 2013.08　面；　公分. --（親子田系列；5）
譯自：吡りゼロで「自分からやる子」に育てる本
ISBN　978-986-6228-83-4（平裝）
1.親職教育 2.兒童心理學
528.2　　102016742

廣	告	回	信
台北郵局登記證			
台北廣字第03720號			
免	貼	郵	票

采實文化 ACME PUBLISHING 采實文化事業有限公司

116台北市文山區羅斯福路五段158號7樓

采實文化讀者服務部　收

讀者服務專線：（02）2932-6098

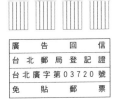

family field 親子田 **系列**專用回函

系列：親子田005
書名：「不打、不罵、不動氣」的優雅教養術

讀者資料（本資料只供出版社內部建檔及寄送必要書訊使用）：

1. 姓名：
2. 性別：□男　□女
3. 出生年月日：民國　　年　　月　　日（年齡：　　歲）
4. 教育程度：□大學以上　□大學　□專科　□高中（職）　□國中　□國小以下（含國小）
5. 聯絡地址：
6. 聯絡電話：
7. 電子郵件信箱：
8. 是否願意收到出版物相關資料：□願意　□不願意

購書資訊：

1. 您在哪裡購買本書？□金石堂（含金石堂網路書店）　□誠品　□何嘉仁　□博客來　□墊腳石　□其他：＿＿＿＿＿＿＿＿（請寫書店名稱）
2. 購買本書日期是？＿＿年＿＿月＿＿日
3. 您從哪裡得到這本書的相關訊息？□報紙廣告　□雜誌　□電視　□廣播　□親朋好友告知　□逛書店看到□別人送的　□網路上看到
4. 什麼原因讓你購買本書？□對主題感興趣　□被書名吸引才買的　□封面吸引人　□內容好，想買回去做做看　□其他：＿＿＿＿＿＿＿＿（請寫原因）
5. 看過書以後，您覺得本書的內容：□很好　□普通　□差強人意　□應再加強　□不夠充實
6. 對這本書的整體包裝設計，您覺得：□都很好　□封面吸引人，但內頁編排有待加強　□封面不夠吸引人，內頁編排很棒　□封面和內頁編排都有待加強　□封面和內頁編排都很差

寫下您對本書及出版社的建議：

1. 您最喜歡本書的特點：□實用簡單　□包裝設計　□內容充實
2. 您最喜歡本書中的哪一個章節？原因是？

＿＿＿＿＿＿＿＿＿＿＿＿＿＿＿＿＿＿＿＿

＿＿＿＿＿＿＿＿＿＿＿＿＿＿＿＿＿＿＿＿

3. 您最想知道哪些關於親子教養方面的資訊？

＿＿＿＿＿＿＿＿＿＿＿＿＿＿＿＿＿＿＿＿

＿＿＿＿＿＿＿＿＿＿＿＿＿＿＿＿＿＿＿＿

4. 兒童智能開發、心靈啟蒙、育嬰胎教等，您希望我們出版哪一類型的親子書籍？

＿＿＿＿＿＿＿＿＿＿＿＿＿＿＿＿＿＿＿＿

＿＿＿＿＿＿＿＿＿＿＿＿＿＿＿＿＿＿＿＿

陪孩子一起學習，
當個優雅的父母

讓心肝寶貝在
滿滿的愛中成長